指導と評価を一体化する

小学校国語実践事例集

一体化する

編著

山梨大学大学院准教授　茅野 政徳

はじめに

　平成29年に告示された新学習指導要領の中では、学習する児童の視点に立ち、育成すべき資質・能力が3つの観点に再整理されました。この考えの下、日々先生方は、計画、実践、評価という一連の活動を繰り返しながら、児童のよりよい成長を目指した指導をされていることと思います。

　中でも、「カリキュラム・マネジメント」の充実においては、「教育課程を編成・実施し、学習評価を行い、学習評価を基に教育課程の改善・充実を図るというPDCAサイクルを確立することが重要」とされ、「指導と評価の一体化」の重要性が改めて示されたことにより、全国の学校で多くの取組がなされていることでしょう。

　指導と評価を全く別のものとして切り離さず、1年間、2年間、6年間などのカリキュラムの中で、全ての資質・能力を育成するマクロな視点、また、日々の授業におけるミクロな視点を考える必要性があります。もちろん、日々児童の成長を見取り、その成果に応じて次の指導に入る先生方にとって、全く新しい考え方ではありません。しかし、このような観点に立ち、日々の授業実践を見直すことに大きな価値があると考えました。

　そこで各地で最新の授業実践を積み重ねられている方々にお願いし、この「指導と評価の一体化」についてフォーカスした単元を考案、実施していただきました。

　本書を執筆いただくうえで、例えば、「評価と評定の混同」や「評価の精選」などの考え方において大きな誤りがないように、多くの自治体や学校に足を運ばれ、講演などを行っています山梨大学大学院准教授の茅野政徳先生を中心として執筆者の方々と打合せを重ねました。

　打合せの中で話題になった考え方について、話合いの議事録を基に、第一章にQ＆Aとして茅野先生にまとめていただきました。そして、ご執筆者の方々には先生と子どもたちの関わりの姿がなるべく見えるような形で原稿をご執筆いただきました。

　今後の、更なる国語科の授業研究の発展において、参考にしていただけますと幸いです。

令和三年三月吉日　東洋館出版社

刊行に寄せて

　人が人を評価する。それは難しいことです。時に評価は、人を傷つけてしまうこともあります。本書がめざしたのは、教師の力量と児童の資質・能力がはぐくまれ、教師と児童の笑顔や自信につながる指導と評価のあり方を提案することです。

　小学校では令和２年度から新たな学習指導要領が全面実施され、国語科は特に観点別評価の項目に大きな変更がありました。「指導と評価の一体化」というキーワードのもと、どのように児童の姿を見取り、適切に指導と評価を行うのか。先生方の模索が始まろうとした矢先、未曽有の事態が起こりました。このような状況下でも可能な範囲で研修や研究を進めようとする自治体や学校に数多く出会いました。そこで聞かれたのが、新たな枠組みのもと評価に戸惑う先生方の切実な叫びでした。それが本書刊行のきっかけとなりました。

　第一章では、先生方からお寄せいただいた「指導と評価の一体化」に関する質問や、本書編集に際してくり返し行った打合せで話題になった点をＱ＆Ａとしてまとめました。いつ、どのような方法で児童の学習状況を記録するのか。評価内容と評価場面を精選し、指導と評価を一体化させた計画を立てることが大切です。Ｑ＆Ａでは、「指導と評価の一体化」の基本的な考え方を整理したうえで、評価規準の設定や評価を記録に残す場面や方法、「主体的に学習に取り組む態度」の見取りなどについて、解説しています。第一章を通して、読者の皆さんと「指導と評価の一体化」について共通理解を図りたいと考えています。

　第二章では、各地で活躍している実践者の協力を得、９つの授業実践を掲載しています。それぞれの実践では、育成を目指す資質・能力の明確化が図られ、授業の流れと指導の手立て、評価の様相が具体的に記述されています。授業者が児童の学びに正対し、「おおむね満足できる」状況（Ｂ）の具体的な姿を追い求め、「十分満足できる」状況（Ａ）の試案を示し、「努力を要する」（Ｃ）状況を改善しようと様々な手立てを講じています。そして、毎時間の省察（振り返り）を通して自らの指導と評価を見つめ直しています。このような実直な行為の積み重ねが、教師の力量形成につながるのだと確信しています。

　Ｑ＆Ａの最後に、次のような言葉を添えました。

　評価は、児童と教師の成長のきっかけとなり、自信や笑顔を生み出すものです。先生方が普段何気なく行っている学習中の声かけも、ノートやワークシートへのコメントも、児童にとっては大切な評価です。評価は先生方の思いや考え、願いや期待を児童に届けるものです。

　本書が、先生方の指導と評価、児童の資質・能力の育成に役立ち、「指導と評価の一体化」によって、教室が、教師と児童の関係が、そして児童の学びが、あたたかな雰囲気に包まれること。そして、全国の教室で確かな言葉、豊かな言葉が生み出される国語科の授業が展開されることを心より願っています。

茅野政徳

第 一 章

指導と評価の一体化 国語科Q&A

―評価に関する【Q＆A】 10の質問にお答えします！

学校訪問などの際に話題に上がる「指導と評価の一体化」に関する質問について、学習指導要領編集協力者らの最先端の授業研究に取り組む本書執筆陣で検討した内容も踏まえて、回答を作成いたしました。

回答本文で出てくる以下の文言は、それに続く資料、通知等を指します。

* 「答申」―「幼稚園、小学校、中学校、高等学校及び特別支援学校の学習指導要領等の改善及び必要な方策等について」、中央教育審議会、平成28年12月21日

* 「報告」―「児童生徒の学習評価の在り方について」、中央教育審議会初等中等教育分科会教育課程部会、平成31年1月21日

* 「通知」―「小学校、中学校、高等学校及び特別支援学校等における児童生徒の学習評価及び指導要録の改善等について」、初等中等教育局長通知、平成31年3月29日

* 「総則」―「小・中学校学習指導要領（平成29年告示）」総則

* 「参考資料」―「『指導と評価の一体化』のための学習評価に関する参考資料」、国立教育政策研究所教育課程研究センター、令和2年3月

Q1 「指導と評価の一体化」の基本的な考え方を教えてください。

A1 評価項目を計画的に焦点化する

「指導と評価の一体化」は全く新しい概念ではなく、基本的に先生方がこれまでやってきたことと大きく変わるものではありません。**評価の場面を焦点化することで、より計画的な授業づくりにつながる**という意味合いが込められています。これは、どの教科でも変わらないということを確認しておきましょう。国語科は、特に2年間で目標が示されています。教科書を見ると、3・4年の2年間で10編前後の文学的文章が載せられています。**これまで、一つの単元で多くの目標を設定し評価することがありました。**「報告」では、基本的な方向性の一つとして、「これまで慣行として行われてきたことでも、必要性・妥当性が認められないものは見直していくこと」が示されました。1年間のカリキュラム、2年間のまとまり、そして6年間でスパイラルに資質・能力を育成するという考え方に立つことで、**思い切って評価項目を精選すること**が国語科では特に重要となるでしょう。

A2 さらなる焦点化を進め、評価項目を具体化する

「参考資料」には、「内容のまとまりごとの評価規準」を作成する際の【観点ごとのポイント】として、「知識・技能」と「思考・判断・表現」において、「育成したい資質・能力に照らして、指導事項の一部を用いて評価規準を作成することもある」と記されています。**一つの指導事項の中に、複数の内容が入っている場合があります。**例えば、「話すこと・聞くこと」では、各学年に「話題の設定、情報の収集、内容の検討」、「話合いの進め方の検討、考えの形成、共有」など複数の内容が入った指導事項が設定されていますし、「書くこと」でも同様の記述が見られます。他に3・4年「読むこと」では「エ 登場人物の気持ちの変化や性格、情景について、場面の移り変わりと結び付けて具体的に想像すること」と示されており、教材の特徴や児童の実態によって、気持ちの変化を場面の移り変わりと結び付けて想像する場合もあれば、場面と場面を関連させながら登場人物の性格を読み取る場合もあるでしょう。**単元によって、指導事項に示された資質・能力を全体的に扱うことも可能ですし、重点的に指導する内容を絞ることもできます。**このことは「知識及び技能」にも当てはまります。一例をあげると、3・4年生で身に付ける「語彙」の欄には、「オ 様子や行動、気持ちや性格を表す語句の量を増やし、話や文章の中で使うとともに、言葉には性質や役割による語句のまとまりがあることを理解し、語彙を豊かにすること」と書かれています。この項目も単元によって焦点を当てる語句を絞りこむことが可能ですし、必要でもあるでしょう。こうして、指導事項、評価項目のさらなる焦点化を進めることで、具体的にその評価項目を理解し、指導することが出来るようになります。

(A3) 学習改善を通して、児童の笑顔を生み出す

評価というと児童の出来ていないところを見取り、指導し、出来るようにする、というイメージがわくことがあります。先の「報告」に示された基本的な方向性には、「児童生徒の学習改善につなげること」と述べられており、評価によって児童の学習を改善することは重要なことですし、手を抜いてはいけません。しかし、「総則」には、学習評価の充実について新たな項目が置かれました。そこには、「**児童のよい点や進歩の状況などを積極的に評価し**、学習したことの**意義や価値を実感できるようにすること**」、「**学習の過程や成果を評価し**、指導の改善や**学習意欲の向上を図り**、資質・能力の育成に生かすようにすること」と書かれています。児童が自らの学習状況を理解し、出来るようになったことや分かったことに達成感や満足感を得、自分自身のよさを自覚すること（自己肯定感を高めること）。そして改善点を見いだし、学習したことの意義や価値を感じながら、さらに出来るように、分かるようになるために自らの手で見通しをもって活動を進めること。その支えとなるのが評価です。**評価は児童の笑顔を生み出す、教師と児童のかかわりである**という意識をもちたいですね。

(A4) 授業改善と教育課程の改善により、教師も成長する

「指導と評価の一体化」では、目指す資質・能力の3つの柱が明確化された中、児童にどのような力が育まれたのかを的確に捉え、主体的・対話的で深い学びの視点からの授業改善を図ることが大切になってきます。別の言い方をすれば、「指導と評価の一体化」は、**児童の学習改善とともに教師の授業改善につながるもの**でなければなりません。「報告」では、基本的な3つの方向性の一つとして「教師の指導改善につながるものにしていくこと」と書かれています。また、指導と評価はカリキュラム・マネジメントの中心的な役割を担い、日々営まれるPDCAサイクルを通し、教育課程の改善に結び付けることも意識しましょう。児童は、単元の中でも成長しますし、もちろん一年を通して大きく成長し、6年間で想像をこえる成長を遂げます。学びを短期的、長期的など様々なサイクルで捉え、教師が自らの授業や指導を見直し、より授業力、指導力を高めようとする前向きさは必ず児童に伝わります。**児童とともに教師も成長する**。そのような評価観をもちましょう。

(A5) 評定と評価を混同せず、児童を見取る力量を形成する

先生方と話していると、時々評価と評定を混同しているのでは、と疑問に思うときがあります。確かに観点別学習状況の評価の積み重ねが評定として表されるため、明確な関連性があります。「参考資料」にも、観点別学習状況の評価を総括する方法、評定への総括の仕方が例示されており、意識しなければなりません。しかし、先に述べたとおり、評定のために評価をするのではなく、学習の成果や、児童のがんばり、出来るようになったこと、育まれた力を見取り、その子にフィードバックしていくことに評価の力点があります。そのプロセスの中で、「通知」に「評価に関する教師の力量の向上」とあるように、多様な児童の姿を見取る教師の力量形成も促さ

れます。指導するからには、目標に照らし合わせ、知識や技能が身に付き、資質・能力が育まれているか見取りますし、目標に達していない児童には、さらに指導を行うはずです。さらに力を伸ばしたいと進んで活動している児童、粘り強く課題を解決しようとしている児童がいれば、教師は後押ししてあげようとするはずです。そうした児童の姿をつぶさに見取り、かかわることが「指導と評価の一体化」の土台であり、**児童を見取る力量を形成することが、教師に求められているのです。**

A6 ▶ 多面的・多角的な評価を目指して

「答申」には、「論述やレポートの作成、発表、グループでの話合い、作品の制作等といった多様な活動に取り組ませるパフォーマンス評価などを取り入れ、ペーパーテストの結果にとどまらない、多面的・多角的な評価を行っていくことが必要である」と述べられています。ペーパーテストで測定できる知識もあるでしょう。しかし、テストで点数化できない技能や力がありますし、「主体的に学習に取り組む態度」はその典型でしょう。教師がいつも同じ方法で評価を行っていると、特定の児童のよさばかりに目が向いてしまうかもしれません。この単元ではこういう方法で児童の学びを見取ろう。この時間の評価に適しているのはどのような方法かな。**教師が多面的・多角的な評価を目指し、様々な方法で見取ることは、多くの児童のよさを発見すること**に結び付きます。

Q2 評価と言語活動の関係をどう考えるとよいですか。

A1 ▶ 言語活動を目的化しない

「言語活動を通じて、どのような力を育み伸ばすのかを、より明確にして実践していくことの必要性」（答申）が求められています。**あくまで資質・能力を育むために言語活動は設定される**ことをふまえておきましょう。どうしても単元終盤に、例えば紹介文を書く、スピーチ大会を開く、パンフレットを作成するなどといった、表現を伴った言語活動を設定し、その出来や見栄えによって評価をしてしまうことがあります。「作品主義」と呼ばれる意識です。手紙、依頼状や案内状、話合いにおける司会など、言語活動そのものを経験することに重き（目的）が置かれることは当然あります。しかし、全ての単元において言語活動が目的化しないように、あくまで知識や技能、資質・能力を育成する場として、単元を通して育まれた資質・能力や身に付いた知識や技能を表現する場として、言い換えれば**手段として言語活動がある**ことを忘れないでおきたいです。

A2 ▶ 言語活動と指導事項の関係を見極める

例えば、低学年の「話すこと・聞くこと」には、2つの言語活動例が設定され、「話すこと・聞

くこと」と「話し合うこと」に分けられています。その言語活動を通して、重点的に指導すべき指導事項は何かを考えると、評価すべき項目も分かってきます。児童が解決したい、取り組んでみたいと思う魅力あふれる言語活動を設定し、工夫することは大切ですが、そこに力を注ぎすぎないよう気を付けたいものです。**言語活動を指導事項や評価項目から分離・孤立させず、常に整合を図る意識をもちましょう。**

Q3 「記録に残す評価」と「指導に生かす評価」の違いは何ですか。

A1 単元で指導する事項のスリム化を図る

Q1のA1において、「評価の場面を焦点化することで、より計画的な授業づくりにつながる」。また、「1年間のカリキュラム、2年間のまとまり、そして6年間でスパイラルに資質・能力を育成するという考え方に立つことで、思い切って評価項目を精選することが国語科では特に重要となるでしょう。」と述べました。今回改訂された学習指導要領国語では、「話すこと・聞くこと」「書くこと」「読むこと」、すべての領域で学習過程が明確に示されています。例えば、「書くこと」では、

> ○題材の設定、情報の収集、内容の検討
> ○構成の検討
> ○考えの形成、記述
> ○推敲
> ○共有

という5つの学習過程に沿って学習が進められることが多いでしょう。しかし、毎回「書くこと」の単元でこのような学習過程すべてを評価するのは時間がかかりますし、**どの力を育みたいのか明確にならず、指導があいまいになってしまう可能性があります。**そこで評価場面を焦点化し、評価項目を精選し、計画的かつスパイラルに資質・能力を育むために示されたのが「記録に残す評価」と「指導に生かす評価」という考え方です。「記録に残す評価」は、もちろん記録に残し、その子の学習状況を可視化する評価です。それに対し、「指導に生かす評価」は評価記録としては残しませんが、その子の学習状況を捉え、指導・支援の内容や方法を決定するのに役立てる評価行為といえるでしょう。「指導に生かす評価」の積み重ねが、「記録に残す評価」に結び付いていきます。この2つの文言については配慮が必要です。詳しくA2で述べるとします。

A2 国語科の特性を理解する

「参考資料」では、「記録に残す評価」と「指導に生かす評価」の表し方が、教科によって異なっています。例えば、社会科では事例の単元計画において網掛けの有無で区別していますし、算数科では「・」と「○」で分けられています。教科にはそれぞれの特性があり、学習内容が明確に定められている教科は、指導したことが身に付いているか判断しやすい面があろうかと

思われますが、日常生活と密接につながっている言語を学習内容とする国語科は、そのあたりを明確化しづらい教科です。その単元で目標としていない指導事項についても、教師は授業中に意識しているものですし、また児童がその単元や時間の評価項目に挙げていない指導事項の内容を生かして学習活動を進める場合もあるでしょう。そのため、**国語科の「参考資料」では、「記録に残す評価」、「指導に生かす評価」という言葉は使われておらず、評価基準が□囲みで示されているだけです。**さらに「参考資料」では毎時間必ず「記録に残す評価」が設定されているわけではありません。しかし、「記録に残す評価」が設定されていない時間も継続的に子供の学びの姿を見取り、指導に生かす意識をもつことが大切です。

 実際の授業を想定して　―本書での表し方―

A２で述べたように国語科の「参考資料」では、「記録に残す評価」、「指導に生かす評価」という言葉は使われていませんが、指導と評価の明確化を図り、読者の先生方に分かりやすく示すために、他教科等に準じ便宜的に、「記録に残す評価」を□とし、それ以外に教師が見取りたい児童の姿に関する事項を「指導に生かす評価」として「・」で示すことにしました。**教師は毎時間目標をもって授業に臨みます。「記録に残す評価」を設定していない時間であっても、児童の状況や既習事項の定着を見取ったり、単元全体の見通しを共有したりするなど、毎時間必ず**や単元を展開し、学習活動が円滑に進み、児童が能動的に学習活動に励めるように手立てを講じています。そのような教師の営みを具現化するため、本書では、多くの単元で「記録に残す評価」を設定しない時間にも「・」として評価項目を記載することにしました。あくまで試案ですが、実際の授業に近い形を目指しています。

Q4 もう少し詳しく「指導に生かす評価」について教えてください。

A1 線で捉え、変化を見る

「記録に残す評価」が４時間目に設定されているとします。その指導事項の力が３時間目までに適切に育まれてきているか。その指導事項の評価に向かう前段階を見取り、指導に生かすことがあるでしょう。最終的に育成を目指している資質・能力の前段階として必要な要素を捉える時間と考えてもよいかもしれません。**継続して児童を見取り、「指導に生かす評価」を積み重ねてきた集大成として「記録に残す評価」の時間が設定されている**というイメージです。逆に、以前の単元や学習中の単元において「記録に残す評価」として評価規準を設定した指導事項について、その力を発揮している児童や発揮できていない児童を見取り、もう一度指導をすることもあるでしょう。**「指導に生かす評価」によって、以前に「記録に残す評価」で見取った資質・能力のさらなる定着を図る**というイメージです。「指導に生かす評価」によって、以前の学習と今日の学習がつながり、今日の学習が未来に学習につながっていく。こうやって考えると、「記

録に残す評価」＝「その時間だけで評価すればよい」という意識では不十分です。「点」で評価することは必要ですし、これまでも評価項目の焦点化を述べてきました。「点」で評価しながらも「線」として児童の変化を見取っていくことが基本です。「指導に生かす評価」によって、**「線で捉え、変化を見る」**という考え方が教師には必要になってきます。

A2 「指導に行かす評価」が「記録に残す評価」を支える

例えば、「知識・技能」を「記録に残す評価」として見取ろうと設定したとします。このような場合、その時間に「思考・判断・表現」や「主体的に学習に取り組む態度」の表れを全く見取らないでしょうか。確かに、重点的に見取るのは「知識・技能」の表れになろうかと思いますが、常に「指導に生かす評価」を積み重ねていく意識を教師がもっていれば、目に入る姿もあるはずです。たとえ記録に残さないとしても「思考・判断・表現」や「主体的に学習に取り組む態度」で顕著な表れがあったり、指導すべき内容が見つかったりした場合には、指導に生かすべきでしょう。「記録に残す評価」に重点を置きながらも「指導に生かす評価」をコツコツと積み重ねていく。**「指導に生かす評価」は「記録に残す評価」と両輪であり、「記録に残す評価」を支える大切な役割**を担っています。

Q5 「記録に残す評価」と学習場面（時間）との対応に規則はありますか。

A1 単元によって柔軟に

まず、評価場面と方法を明確化し、「１時間に１つの評価項目」とする場合が考えられます。最も分かりやすい評価のあり方かもしれません。次に、数時間を通して一つの指導事項を評価する場面があるでしょう。例えば、「書くこと」において数時間にわたって記述したり、「読むこと」において場面の移り変わりに気を付けて登場人物の気持ちの変化を想像したりする場合です。先に述べた、「線で捉え、変化を見る」という考え方は「記録に残す評価」でも有効です。さらに、１時間の中で、「思考・判断・表現」と「主体的に学習に取り組む態度」など複数の評価項目を記録に残す場合もあり得ます。この場合には、「思考・判断・表現」を評価する手立てと「主体的に学習に取り組む態度」を評価する手立ては異なることが予想されます。また、１時間に様々な評価を同時並行で行うのは、教師の負担増につながり、果ては児童を適切に見取ることができない状況を生み出しますので注意が必要ですね。このように、**評価項目の設定の仕方は単元によって様々です**。「１時間に１つの評価項目」など自分で型を作り、それにとらわれすぎないようにしたいものです。単元の性質や児童の実態に応じ、柔軟に設定できるのも教師の力量です。

Q6 第1時は「記録に残す評価」をしないのでしょうか。

A1 指導したことを評価する

「参考資料」に載っている4つの事例では、第1時に評価項目が設定されていません。第1時については、その単元内ではまだ何も指導していない状況ですので、言葉の特徴や使い方に関する事項など短い時数の単元以外は、「記録に残す評価」の対象になりにくいと考えます。「答申」には、「目標に準拠した評価」と書かれています。**その時間の目標として設定されていない項目は、「記録に残す評価」として位置付けるべきではありません。まさに「指導と評価」は「一体化」**したものです。Q9で詳しく述べますが、「主体的に学習に取り組む態度」についても第1時に評価するのはそぐわないと考えられます。

A2 過去思考と未来思考の場

しかし、第1時は、記録には残さないけれど児童の実態把握をする重要な時間と位置付けている先生も多いのではないでしょうか。言い換えれば、児童がどのような現状にあるのか「教師がリサーチする」時間という意味合いがありますし、児童がこれまでにどのようなことを学んできたか、「自分の学習状況を確認する」機会ともなります。つまり、**単元で目指す資質・能力に向かうための「現在地」を確認する過去思考（これまでどういうことをしてきたか）**の場として大切な意味をもちます。それと同時に、**児童と「学習の見通し」を共有する未来思考（この単元でどういうことをするのか見通しをもつ）**の場でもあります。過去思考と未来思考が混在した時間といえるのではないでしょうか。見通しについて考えてみると、「学習過程」「学習内容」「言語活動」「単元を通して身に付けたい資質・能力」など、見通すポイントはいくつも存在します。学年や領域をふまえ、どのような見通しを児童にもってほしいのか考えた上で、第1時を迎えたいものです。

Q7 評価規準の設定について教えてください。

A1 全ての児童が目標にたどり着くように

まず意識すべきは、学習指導要領に示された指導事項を基に目の前の児童の実態をふまえ、たどり着いてほしい目標を明確に設定することです。全ての児童が「おおむね満足できる」Bの状況を達成すると言い換えてもよいでしょう。本書では、どの時間もBの状況と判断した児童の姿を具体的に示すよう心掛けました。教師は全ての児童がその時間の目標にたどり着くよう指導し、見取り、必要な手立てを講じます。**Bの状況と判断した児童の姿を教師が具体的に描**

くことは、それに達していない児童を的確に捉え、すぐに手立てを講じ、指導・支援することにつながります。国語は指導事項に用いられる文言の抽象度が高いため、目標も評価規準も必然的に抽象度が高く、あいまいに理解したまま授業に臨んでしまうことがあると思います。評価規準に達した具体的な児童の姿を、可能な限り想定する習慣を付けることが望まれます。

(A2) 目標にたどり着いた、その先に

しかし、授業では、教師の想定を超えていく児童に出会うことがあります。そのような児童のがんばりやよさを他の子が知り、さらなる高みを目指してほしいですし、その子にも自分のよさを分かってほしい。そのためには、教師が想定を超えた児童の姿を意識して見取る力量をもたなければなりません。「参考資料」に載っている事例1を紹介します。この事例では、「思考力・判断力・表現力」の「記録に残す評価」において、夏休みの思い出を友達に報告するために、物事や対象についてどのような順序で並べるとよいか指導した結果、「時間的な順序や事柄の順序を考えるとともに、聞き手に与える印象や効果まで含めた理由を記述している児童」を「十分満足できる」Aの状況としています。こうした例から考えると、Aの状況とは教科の目標に向かって活動する中で、さらに深く考えて課題に取り組んだ結果、教師の想定を超えるパフォーマンスを残した児童の姿と捉えられます。その考えのもと、本書ではあえてAの状況と判断した児童の姿も出来る限り載せることにしました。**当然Aの児童の姿は多様で、一つに定められるものではなく、また全てを想定できるわけではありません。**しかし、「指導と評価の一体化」は教師の指導改善につながるという趣旨のもと、教師が児童の学びの姿を真摯に、適切に見取り価値付けることが、自らの指導のさらなる改善・充実につながると考え、このような試みを行っています。

Q8 評価規準に達しているか、判断が難しいのですが。

(A1) その子に寄り添い、理解に努める

低学年の「書くこと」を取り上げてみましょう。評価規準は指導事項イに照らし合わせ、「『書くこと』において、自分の思いや考えが明確になるように、事柄の順序に沿って簡単な構成を考えている」と設定したとします。ここで大切なのが、「簡単な構成を考えている」という思考をどのような姿として教師が想定できるかです。「はじめ―中―おわり」の構成になっているかといった具体的な結果ばかりに目を向けないことが必要です。この子はなぜこのような構成にしたのか。学習を通して構成に変化が見られたとしたら、なぜ変えたのか。変わっていなかったら、なぜ変えなかったのか。読んでくれる相手に自分の思いや考えを伝えるという意識が働いているか。大切なのは、**その子の思考を見取ろうと様々な方法で理解に努めることです。**相手を意識している、自分の思いや考えを明確にもっている、順序に沿って構成を考えている、

と判断できる姿を具体的に想定し、その子に向き合うことです。しかし、言語化や動作化（目に見える行動）が上手にできない児童も低学年には多くいます。時間はかかりますが、教師がインタビューなどでその子に直接聞くこと、**教師から動的に児童にかかわっていく意識**も大切にしたいですね。思考は目に見えません。**目に見えない思考をなんとか知ろうと手を尽くす。その営みは学習をこえ、その子そのものを理解することにたどり着きます。**

(A2) 多くの情報を自信につなげる

では簡単に、児童の姿を想定することはできるのか。児童の思考を理解することができるのか。そんなに容易いことではないですよね。目標と評価規準を設定した段階で、具体的な児童の姿や発言などを想定し、一定の規準をもって授業に臨むべきですが、実際に授業をしてみると、児童の姿に驚かされたり、予想外の発言が飛び出したりすることは教師なら誰でも経験しているのではないでしょうか。そこで同学年の先生と共に児童の姿を語り合う場を設けたり、過去に同じような単元を実践した同僚に尋ねたり、自らが過去に実践した際の児童のノートや作品、残していれば授業記録などをもとにすることが考えられます。校内で授業研究会を実施し、見取りを共有することで評価に対する考えや見取り方などをすり合わせることもできるでしょう。**自信をもって児童の姿を想定し、児童の思考の理解を図るためには、多くの情報を得ることが必要です。**忙しい日々の中で、そのような時間を捻出するのは大変ですが、少しでも自信をもって授業に臨めるようにしたいですね。本書で紹介する様々な児童の姿と教師の見取り、評価が先生方の参考になり、自信につながればうれしく思います。

Q9 「主体的に学習に取り組む態度」をどのように見取ればよいですか。

(A1) 多様な観点と方法で

「主体的に学習に取り組む態度」について、「報告」では、

① 知識及び技能を獲得したり、思考力、判断力、表現力等を身に付けたりすることに向けた粘り強い取組を行おうとする側面
② ①の粘り強い取組を行う中で、自らの学習を調整しようとする側面

の2側面を置いています。②はいわゆる「メタ認知」といわれる力です。「参考資料」では、上記①②を適切に評価するため、下記のように③④を設定することが示されています。

①粘り強さ〈積極的に、進んで、粘り強く等〉
②自らの学習の調整〈学習の見通しをもって、学習課題に沿って、今までの学習を生かして等〉
③他の2観点において重点となる内容（特に、粘り強さを発揮してほしい内容）

> ④当該単元の具体的な言語活動（自ら学習の調整が必要となる具体的な言語活動）

①から④の観点は、連続的なものですから、一つ一つを分けて評価するのは相応しくないですし、「知識・技能」や「思考・判断・表現」の状況とも関連させることが必要です。しかし評価する場面は、顕著にそれが表れる時間になるべく簡便な方法で、全員の評価を記録に残していきたいものです。「態度」ですし、例示されている文末が「～しようとしている」なので、もちろんその場の言動（現在進行形）を見取ることが基本となりますが、瞬時に消えていく全員の言動を見取ることは不可能です。そこで、こういうワークシートにすれば、態度の変化がよく分かるとか、毎時間積み重ねてきた振り返りを並べて見直してみるとか、挙手の回数など**形式的な判断規準に頼らず、「意思的な側面」（答申）を見取るための多様な方法の開発が望まれます。**「報告」では、例としてノートやレポート等における記述、授業中の発言、教師による行動観察、児童生徒による自己評価や相互評価等が挙げられています。なお、「参考資料」では、上記①②の〈 〉内の表現は例示であり、他の表現も想定されるとしていることを付け加えておきます。

A2 導入だけにこだわらない

教師は、単元の導入場面でこれから学ぶ物語文や説明文、話したり書いたりする内容に対し、児童に出来るだけ関心を抱き、その後の学習に意欲をもってほしいと願うでしょう。児童が高い興味関心を示してくれるとうれしいですし、そのような児童の表れを「関心・意欲・態度」の一環として評価することが多々あったように思います。本来は「関心・意欲・態度」も「よりよく学ぼうとする意欲をもって学習に取り組む態度」（参考資料）を評価するという考えに基づいていました。しかし、児童の実態や行動面の傾向が表出されやすい導入場面で評価すればよいという考えが散見されたのも事実です。これまでも導入の時間だけが「関心・意欲・態度」を評価する時間ではなかったように、**「主体的に学習に取り組む態度」も導入場面だけで評価するのは控えるべきでしょう。**A1で述べたとおり、「主体的に学習に取り組む態度」は連続したものですし、ある程度学習が進んだ段階で表れやすい粘り強さ、自己調整などのキーワードが挙げられています。興味・関心を抱き、単元導入時に目を輝かせる児童の姿は素敵ですが、児童が粘り強さを発揮し、自己の学習を調整しながら主体的に学ぼうとする態度を見取りたいですね。

A3 「自己調整」は、発達の段階と児童の実態に応じて

先の「参考資料」では、「②自らの学習の調整〈学習の見通しをもって、学習課題に沿って、今までの学習を生かして等〉」が観点の一つとして挙げられていました。児童が自ら目標を立て、その目標に向かって学習を調整するのは、低・中学年には難しいと思われますし、自らの学習状況を俯瞰する（客観視する）ことはさらに高度な活動でしょう。「報告」には、「特に小学校低・中学年段階では、例えば、学習の目標を教師が『めあて』などの形で適切に提示し、その『めあて』に向かって自分なりに様々な工夫を行おうとしているかを評価することや、他の児童との対話を通して自らの考えを修正したり、立場を明確にして話していたりする点を評価する」

と書かれています。発達の段階や児童の実態に応じ、無理をして児童に目標を設定させたり、長期的な見通しをもたせたり、学習を調整させたりするのではなく、**段階を追って目標を立てること、自らの学習を見つめ直し次の活動を見出すことができるように**指導し、その表れを評価したいですね。

Q10 「考えの形成」と「共有」の評価で心掛けることは何ですか。

A1 ▶ 根拠と考えに対して妥当性を問う

　「考えの形成」と「共有」は、今回の指導要領改訂で全ての領域に設定されました。それだけ重視されているということです。どのような考えの形成したのか、教師が見取るために発言を促したり、記述の機会を設けたりするでしょう。考えに一つの正解はありません。着眼点や様々な経験、重視する資料などによって、児童一人一人がもつ考えに違いが生まれるのは当然です。では、どのような考えをもってもよいのでしょうか。その考えがどのように導かれたのか。それまでの学習を生かして考えを形成しているか、など妥当性が問われるでしょう。**「考えの形成」については、教師が、どのような根拠（視点）からどのような考えを導いてほしいのか。教材研究を通して多くの想定をしておき、その妥当性を問う中で評価が定まってきます。**

A2 ▶ 共有することで何が生まれたのか

共有場面では、書いたものを読み合ったり、話合いや発表によって互いの考えを交流したりする（知る）活動が設定されるでしょう。そのような活動に活発に取り組んでくれると教師としては安心しますよね。しかし、「共有」は単なる「交流」ではありません。ただ読み合い、おしゃべりをしていても、「活動あって学びなし」の時間となってしまいます。話し合うことで新たな考えや根拠に出会い、考えが広がったり多面的に考えることができるようになったりする。読み合うことにより、友達の記述のよさを知り、今後に生かそうとしたり、また自分の記述のよいところに気付いたりする。このように、**共有によって新たに学びが生み出されているか、を見取り、適切に評価したいですね。**

＊評価は、児童と教師の成長のきっかけとなり、自信や笑顔を生み出すものです。先生方が普段何気なく行っている学習中の声掛けも、ノートやワークシートへのコメントも、児童にとっては大切な評価です。評価は先生方の思いや考え、願いや期待を児童に届けるもの。「指導と評価の一体化」によって、教室が、教師と児童の関係が、そして児童の学びが、あたたかな雰囲気に包まれることを願っています。

編集・茅野政徳

授業における
「指導と評価の一体化」

本書活用のポイント ―単元冒頭ページ―

　本書では、各単元の最初に、単元全体を見渡せるように単元の目標と評価規準、取り上げる言語活動を示しています。左ページの下部、「『指導と評価の一体化』の視点からのポイント」は本書の編集において最もこだわった点です。単元の流れは右のページにまとめています。

単元の目標

　単元の目標は、評価規準との重複を避けるために総括的に示しました。これは、「参考資料」の表記とは異なりますが、執筆者が「評価の焦点化」に向けて、中心となる事項を絞ることにつながりました。学習指導案では、働き方改革の面からも評価規準と表裏一体の書き方で十分です。

単元で取り上げる言語活動

　学習指導要領において、「話すこと・聞くこと」「書くこと」「読むこと」の各領域に示されている言語活動の例と対応させ、資質・能力の育成に適した言語活動を設定しています。言語活動の設定に当たっては、活動自体が目的ではなく、あくまで資質・能力を育むための手段であることを意識しましょう。

単元の評価規準

　ここでは、本単元で記録に残す事項を取り上げています。「知識・技能」と「思考・判断・表現」は、文末を「〜している」とし、「思考・判断・表現」には冒頭に「(領域名を入れる)」において、」と領域名を加えています。「主体的に学習に取り組む態度」は、文末を「〜しようとしている」とし、「粘り強い取組を行おうとしている側面」と「自らの学習を調整しようとする側面」の両方を意識して設定しました。

単元名

たからものをしょうかいしよう

東京書籍2年上

1　単元の目標
　相手に伝わるように話す事柄の順序を考えて、宝物について紹介したり、それを聞いて感想をもったりすることができる。

2　単元で取り上げる言語活動
　自分の宝物について紹介したり、それらを聞いて感想を記述したりする。A(2)ア

3　単元の評価規準

知識・技能	思考・判断・表現	主体的に学習に取り組む態度
①身近なことを表す語句の量を増し、話の中で使っているとともに、言葉には意味による語句のまとまりがあることに気付き、語彙を豊かにしている。((1)オ)	①「話すこと・聞くこと」において、相手に伝わるように、行動したことや経験したことに基づいて、話す事柄の順序を考えている。(A(1)イ) ②「話すこと・聞くこと」において、話し手が知らせたいことや自分が聞きたいことを落とさないように集中して聞き、話の内容を捉えて感想をもっている。(A(1)エ)	①進んで、相手に伝わるように話す事柄の順序を考え、学習の見通しをもって紹介しようとしている。

4　「指導と評価の一体化」の視点からのポイント
　前単元において、児童は自分の好きなことについて紹介するスピーチの学習を行った。その際、児童は、丁寧な言葉と普通の言葉との違いに気を付けて話したり、好きなことについて伝え合うために必要な事柄を選んだりすることができていた。一方、相手に伝わるように行動したことや経験したことに基づいて話す事柄の順序を考えたり、話し手の話すことや自分が聞きたいことを落とさないように集中して聞き、感想をもったりすることには、まだ課題が見られた。
　そこで、本単元では、自分の宝物を紹介するという言語活動を設定し、話す事柄の順序を考えて話すこと、集中して聞き感想をもつことに重点を置いて指導することとした。また、相手に伝わるように話すためには、姿勢や口形、発声や発音に気を付けて話すことや身近なことを表す語句の量を増やしたりすることも必要となるため、知識及び技能の指導内容として取り上げて指導する。
　以上のような観点を評価するために、本事例では、ワークシート①(P28)を用いた。ワークシート①には、話したいことを書いたカードを置かせて、話す順序を考えながら操作する様子を観察したり、どのような意図に基づいて操作しているのかを児童に質問したりして評価する。また、カードの順序を決定した理由をワークシート②に記述させ、その内容を評価の対象とすることにする。

26

　本書の編集に当たっては、単元名をはじめ、全体として『「指導と評価の一体化」のための学習評価に関する参考資料』を参考にしています。読むことの領域では、具体的な教材名も示しています。また、主に準拠した教科書を記しましたが、その単元が他の教科書ならば、どの単元・教材に該当するのかをP24ページに一覧で紹介していますのでご覧ください。

単元の流れ（全7時間）

時	学 習 活 動	指導上の留意点	評価規準・評価方法等
1	○宝物を紹介するという学習の見通しをもつ。 ○宝物を複数想起し、その中から友達に一番紹介したいことを選ぶ。	・児童の伝えたいという思いを引き出したり、教師が自身の宝物を紹介したりして、学習への意欲を高める。学習の見通しがもてるようにする。 ・宝物の中から伝えたい思いの強さを手掛かりにして、一つを選ぶようにさせる。	・宝物を紹介するという学習課題を確かめ、学習の見通しをもっている。 ・紹介したい宝物を一つ選んでいる。
2・3・4 （pick up）	○「始め─中─終わり」といった話の構成で話すことを確認し、「始め」と「終わり」については先にワークシート①に記述する。 ○「中」の部分については、第1時で一番紹介したい宝物を詳しく想起して、紹介したい事柄をカードに書き出す。 ○宝物を友達に紹介するためにはどのような順番にしたらよいのか考えながらカードを並べ、その理由を付箋紙に記述する。 ○カードを並べた順序について、全体で確認したり、友達に相談したりしながら見直し、その結果をワークシート②に書く。	・選んだ思い出を詳しく想起できるように、日記や写真等を基に、経験や行動を振り返るよう助言する。 ・事物を表す言葉、体験したことを表す言葉、色や形を表す言葉などを確認し、報告の中で用いるよう指導する。 ・物事や対象を説明したりする際の事柄の順序を考えながら話せるように、教師が並べる順を複数示す。	[知識・技能①] __カード__ ・事物を表す言葉、体験したことを表す言葉、色や形を表す言葉の文章に沿った活用状況の確認 [思考・判断・表現①] __ワークシート①__ ・カードの並べる順とその順序にした理由の確認 [主体的に学習に取り組む態度①] __発言・行動・ワークシート__ ・他者との交流を通して報告順を見直している言動の確認・分析
5・6・7	○話したり、聞いたりする際に大切にしたいことを確認する。 ○声に出して、宝物の紹介をする練習をする。 ○グループごとに一人ずつ宝物について紹介する。紹介が終わったら、聞き手はワークシート③に感想を書き、話し手に伝える。 ○宝物を紹介するという学習を通して学んだことを振り返る。	・話し方や聞き方のポイントを示す。 ・互いの話し方（声の大きさや速さ）について、特によいと思ったところを伝え合うようにさせる。 ・聞き手には、自分が感じたことをワークシート③に記述したり、話し手に伝えたりさせる。 ・本単元の目標に則して身に付いたこと、今後の学習や生活の中で生かしていきたいことについて記述できるようにする。	・姿勢や口形、発声や発音に注意しながら話したり、声の大きさや速さを工夫して話したりしている。 [思考・判断・表現②] __発言・行動・ワークシート__ ・聞いている様子の観察 ・感想の記述の確認 ・宝物を紹介するという学習を通して学んだことを振り返っている。

　単元をどのように展開していくのか、大枠を押さえています。「評価規準・評価方法等」では、左ページで取り上げた評価規準を記録に残す事項として□で囲み、それ以外に教師が見取り、指導に生かしたい児童の姿に関する事項を「・」で示し、実際の学習に近い形を目指しました。本時案で詳細に見取りの視点や児童の姿、指導と評価の実際を紹介しているのでご確認ください。

　「指導と評価の一体化」では、単元というひとまとまりで、目標の達成に向け、児童の学習状況を的確に把握した上で指導・評価することが大切です。それに加え、年間の中でその単元がどのような位置付けにあるのか、単元で育成すべき資質・能力が適切か、など長期的な視野に立ち単元を見つめることも必要です。そのために、ここでは基本的に、以下の四点をポイントとして記述することにしました。
○学習履歴、児童の実態　○単元の目標・言語活動
○目標にたどりつくための中心となる手立て　○学習状況を評価するための方法
　短期と長期、二つの視野をもつことは、教師が自らの指導を振り返り、カリキュラム・マネジメントの視点から教育課程の改善・充実を図ることにつながります。

本書活用のポイント ―本時案ページ―

　本時案のページでは、全時間の指導と評価を詳しく説明しています。なお、「指導に生かす評価の時間」と「記録に残す評価の時間」では、性質の違いに応じ、項目の名称を変更している箇所があります。

指導に生かす評価の時間

1時間目

本時の目標、中心となる活動
　その時間の目標と、児童が行う主な活動を示しています。「単元の流れ」の「学習活動」や「評価規準・評価方法等」と併せてご覧ください。

1　本時の目標
・おもちゃの説明書を書くという学習の見通しをもち、説明するおもちゃを決めることができる。

2　中心となる活動
・おもちゃの説明書を書くという学習課題を押さえ、学習の見通しをもつ。
・作ったことのあるおもちゃから、説明書を書くものを一つ決める。

見取りの視点
　その時間の目標に向け、活動を通して児童のどのような姿を見取ろうとしているのか、を記しています。記録に残さない時間だとしても見取るべき児童の姿を想定することが大切です。

3　見取りの視点
　本時は、学習の見通しをもつことが大きな目標となるため、児童なりに学習活動の道筋をつけられるようにし、そこを見取りたい。そのため、児童が、どんな説明書にしたいか、おもちゃの説明書を書くためにどのようなことが必要か、などを全体で出し合いながら見通しがもてるようにする。また、本時で重きを置きたいことに相手意識がある。説明書を書いてわたす明確な相手を設定することが、学習の意欲を高めたり、よりよい表現を目指したりすることにつながる。

児童の姿と教師の評価・手立て
　実際の学習場面における様々な児童の姿と、それに対する教師の見取りや指導を図や表、写真、イラストを交えながら詳しく記しています。

4　児童の姿と教師の評価・手立て

C：○○さんに説明書をわたして、おもちゃを作ってもらって、いっしょに遊びたいな。

C：おもちゃもだけど、読む人が読んでいてワクワクするような説明書を書きたいな。

C：でもやっぱり説明書だから、読む人がよく分からなくちゃいけないよね。

T：そうですね。説明書は、読む人がわかりやすいことがとても大事です。では、そんな説明書を書くために、これまでの学習で生かせそうなことはありますか。

C：前の学習でまとめた「せつめいのくふう」が使えそう。

前単元までにまとめた説明の工夫の例

2年○組が見つけたせつめいのくふう	
・じゅんばんをあらわすことばがつかわれている。	・ていねいなことばがつかわれている。
・センチメートルがつかわれている。	・「ぐらい」っていうことばがついている。
・「はじめ」「中」「おわり」にわかれている。	・〈見出し〉ごとにないようがわかれている。
・文しょうのはじめになにを作るかがかんたんに書いてある。	・絵やしゃしんがつかわれている。

5　教師の省察（振り返り）
　書くことは、誰に向けて何を書くかという相手意識と目的意識によって、内容だけでなく構成も定まっていく。そのため、低学年段階のおいても、児童がこれらの意識をもてるように指導を行った。
　その上で、児童なりに学習の見通しをもてるようにした。児童の実態を踏まえ、本時では詳細な学習計画を立てるのではなく、児童一人一人の思いや考えを言語化させたり、それらを全体で共有したりすることを大事にした。またこれらが、児童の既習事項等の定着状況を知ったり、単元開始前の単元構想に修正を加えたりする指標となり、今後の「指導に生かす」評価の場となった。

84

教師の省察（振り返り）
　本時を終えた時点で、「指導と評価の一体化」の視点から教師が考えたことを述べています。具体的には、以下の内容が含まれています。
・児童の姿は想定したものだったか。　・児童は学習活動に対し、自己肯定感を抱けたか。
・手立てや評価の方法は妥当だったか。　・次時や次単元で意識すべき点、取り組むべき点はないか。
　教師自身が、自らの指導と評価の有効性を振り返り、次時以降に生かす意識をもつことが重要です。

本時の目標、中心となる活動

左頁と同様の書き方ですが「単元目標」や「単元の評価規準」などとの関連がより明確になるような記述を心掛けています。なお、「2～4時間目」など数時間かけて学習状況を捉え評価を行う場合には、「本評価に係わる時間の目標」としています。

2～4時間目

記録に残す評価の時間 知識・技能の評価①(2)ア

1 本評価に係る時間の目標
・作業手順といった事柄の順序の関係を理解することができる。

2 中心となる活動
・「作り方」の内容となる作業を書き出した付箋紙を、作業手順に沿って並びかえる。

3 主な評価
ここでは、事柄の順序の関係を理解しているかどうかを見取るため、作業を書き出した付箋紙を、読み手が作業する順序に沿って並べかえた付箋紙によって評価する。作業を付箋紙に書き出す段階で順序立てられている児童や必要な作業を加えながら徐々に手順を整えていく児童がいることを踏まえ、この評価は、1単位時間ではなく連続した3時間を通して評価することが大切である。

主な評価

その時間の目標に向け、どのような場面や方法で指導と評価を行おうとしているのか、を記しています。「記録に残す評価の時間」ですから、この点を教師が明確に意識していることが重要です。

4 児童の姿と教師の評価・手立て

Bの状況の児童の姿		Cの状況の児童の姿
おもちゃの部分ごとに付箋紙をまとめ、自らの作業を想起しながら、手順に沿って付箋紙を並べている。	児童が実際に作ったおもちゃを示しながら、「ここはどう作ったの？」などと個別に声をかけた。また、モデルとなる説明書を参考に示しながら、「おもちゃの部分ごとに付箋紙を集めてみよう」「部分ごとにまとめた付箋紙を作った順にならべてみよう」などと個別に声をかけた。	作業内容を付箋紙に書き出したり、作業手順に沿って付箋紙を並べたりすることが難しい。

本時に見取った児童の姿の具体例

Aの状況①	Aの状況②	Bの状況
おもちゃの部分ごとに集めた付箋紙のまとまりに、作業手順に沿って順序を表す言葉や番号を付け加えたり、作業手順を端的に表す見出しを付けたりしている。	書き出した付箋紙内の情報の過不足に自ら気付き、付箋紙を足して並びかえたり、まとまりから付箋紙をとったりしている。	書き出した複数の付箋紙をおもちゃの部分ごとに1枚ずつに集約し、少なくなった付箋紙を作業手順ごとに並べている。

児童の姿と教師の評価・手立て

実際の学習場面における様々な児童の姿を評価規準に照らし合わせ、A・B・Cの状況として表しています。また、可能な限り、A・B・Cの状況と判断した理由や根拠を明確にしています。なお、すべての児童がBの状況を達成することに重点を置き、Cの状況の児童をBの状況に高めるための指導や講じた手立てを詳しく紹介することにしました。

5 教師の省察（振り返り）
作業内容を付箋紙に書き出すことが難しい児童には、何を書けばよいかを明確にする必要があった。そのため、その児童が実際に作ったおもちゃを見せながら、付箋紙に書き出せていない箇所の作業内容をたずね、児童に言語化するよう促した。このようなやりとりをする中で、作業内容が言語化され、付箋紙に書き出すことができていった。その上で、どのようにならべかえるかは、モデルとなる説明書にある作業手順と自らが経験した作業手順とを関連させることができるように指導した。

なお、上記の「Aの状況②」内の「情報の過不足に自ら気付」く様子は、[主体的に学習に取り組む態度]としても認め、学級全体にもその様子を「Aの状況①」の様子とともに伝えた。

教師の省察（振り返り）

「指導と評価の一体化」の視点をもとに、児童のA・B・Cの状況を振り返り、指導や手立ては有効だったか、評価の方法は妥当だったか、次時や次単元に自らの指導に改善すべき点はないか、などについて教師の考えを述べています。教師の想定を超えたAの状況の児童の姿についても可能な範囲で記しています。

教科書別該当単元・教材一覧表

本書実践は太字で示した。

選出に当たっては、(1)教材の性質、(2)言語活動、(3)育みたい資質・能力、(4)掲載時期などから総合的に判断した。複数選んだものもある。

学年	領域	光村図書	東京書籍	学校図書	教育出版
2年	話すこと・聞くこと（話す・聞く）	話したいな、聞きたいな、夏休みのこと あったらいいな、こんなもの？	**たからものをしょうかいしよう**	こんなものがほしいなあ	「クラスお楽しみ会」をひらこう 話したいな、聞きたいな、夏休みのこと？
4年	話すこと・聞くこと（話す・聞く）	わたしたちの学校じまん	**外国のことをしょうかいしよう**（本書実践は元にした単元）	遊びをくらべよう 自分の意見を組み立てて説明しよう	町の行事について発表しよう 調べてわかったことを発表しよう
6年	話すこと・聞くこと（話し合う）	みんなで楽しく過ごすために	**話し合って考えを深めよう**	すいせんします、この委員会活動 パネルディスカッションをしよう？	地域の防災について話し合おう
2年	書くこと（指示文・説明書）	**おもちゃの作り方をせつめいしよう**	あそび方をせつ明しよう	作ってあそぼう	おもちゃのせつめい書を書こう
4年	書くこと（報告・説明文）（本書実践はオリジナル）	【じょうほう】百科事典での調べ方 伝統工芸のよさを伝えよう	「ふるさとの食」を伝えよう	身の回りのメディアを研究しよう	リーフレットで知らせよう
6年	書くこと（意見文）	私たちにできること	**世界に目を向けて意見文を書こう**	「本物の森」で未来を守る	自分の考えを発信しよう
1年	読むこと（物語文）	**やくそく**	サラダでげんき かいがら。	はじめは「や！」	うみへのながいたび
4年	読むこと（説明文）	**ウナギのなぞを追って**	ヤドカリとイソギンチャク	空飛ぶふろしきムササビ　ムササビがくらす森	ウミガメの命をつなぐ
5年	読むこと（物語文）	**大造じいさんとガン**	大造じいさんとがん	大造じいさんとがん	大造じいさんとがん

授業における「指導と評価の一体化」

領域
話すこと・聞くこと

　低学年の実践では、宝物を紹介する言語活動を設定し、話す事柄の順序を考えること、集中して聞き感想をもつことを目指しています。中学年の実践では、残菜を減らすための農家の工夫や努力を文化祭で紹介するために、話の中心と構成に目を向け、言葉の抑揚などを意識して話すことを目標にしています。高学年の実践では、話合いを取り上げています。学習を通して、話合いにおいて大切にすべきことや意識すべきことを児童が見出しています。

　音声言語はその場で消えてしまいます。だからこそ、授業者は児童一人一人に直接関わり、またワークシートを工夫し、児童の状況を把握しようと努めています。話すこと・聞くことの指導と評価のあり方を示す意欲的な実践です。

たからものをしょうかいしよう

 単元の目標

　相手に伝わるように話す事柄の順序を考えて、宝物について紹介したり、それを聞いて感想をもったりすることができる。

 単元で取り上げる言語活動

　自分の宝物について紹介したり、それらを聞いて感想を記述したりする。A(2)ア

 単元の評価規準

知識・技能	思考・判断・表現	主体的に学習に取り組む態度
①身近なことを表す語句の量を増し、話の中で使っているとともに、言葉には意味による語句のまとまりがあることに気付き、語彙を豊かにしている。((1)オ)	①「話すこと・聞くこと」において、相手に伝わるように、行動したことや経験したことに基づいて、話す事柄の順序を考えている。(A(1)イ) ②「話すこと・聞くこと」において、話し手が知らせたいことや自分が聞きたいことを落とさないように集中して聞き、話の内容を捉えて感想をもっている。(A(1)エ)	①進んで、相手に伝わるように話す事柄の順序を考え、学習の見通しをもって紹介しようとしている。

 「指導と評価の一体化」の視点からのポイント

　前単元において、児童は自分の好きなことについて紹介するスピーチの学習を行った。その際、児童は、丁寧な言葉と普通の言葉との違いに気を付けて話したり、好きなことについて伝え合うために必要な事柄を選んだりすることができていた。一方、**相手に伝わるように行動したことや経験したことに基づいて話す事柄の順序を考えたり、話し手の話すことや自分が聞きたいことを落とさないように集中して聞き、感想をもったりすることには、まだ課題が見られた。**

　そこで、本単元では、自分の宝物を紹介するという言語活動を設定し、**話す事柄の順序を考えて話すこと、集中して聞き感想をもつことに重点を置いて指導することとした。また、相手に伝わるように話すためには、姿勢や口形、発声や発音に気を付けて話すことや身近なことを表す語句の量を増やしたりすることも必要となるため、知識及び技能の指導内容として取り上げて指導する。**

　以上のような観点を評価するために、本事例では、ワークシート①（P28）を用いた。ワークシート①には、話したいことを書いたカードを置かせて、話す順序を考えながら操作する様子を観察したり、どのような意図に基づいて操作しているのかを児童に質問したりして評価する。また、カードの順序を決定した理由をワークシート②に記述させ、その内容を評価の対象とすることにする。

単元の流れ（全7時間）

時	学 習 活 動	指導上の留意点	評価規準・評価方法等
1	○宝物を紹介するという学習の見通しをもつ。 ○宝物を複数想起し、その中から友達に一番紹介したいことを選ぶ。	・児童の伝えたいという思いを引き出したり、教師が自身の宝物を紹介したりして、学習への意欲を高める。学習の見通しがもてるようにする。 ・宝物の中から伝えたい思いの強さを手掛かりにして、一つを選ぶようにさせる。	・宝物を紹介するという学習課題を確かめ、学習の見通しをもっている。 ・紹介したい宝物を一つ選んでいる。
2・3・4 pick up	○「始め－中－終わり」といった話の構成で話すことを確認し、「始め」と「終わり」については先にワークシート①に記述する。 ○「中」の部分については、第1時で一番紹介したい宝物を詳しく想起して、紹介したい事柄をカードに書き出す。 ○宝物を友達に紹介するためにはどのような順序にしたらよいのか考えながらカードを並べ、その理由を付箋紙に記述する。 ○カードを並べた順序について、全体で確認したり、友達に相談したりしながら見直し、その結果をワークシート②に書く。	・選んだ思い出を詳しく想起できるように、日記や写真等を基に、経験や行動を振り返るよう助言する。 ・事物を表す言葉、体験したことを表す言葉、色や形を表す言葉などを確認し、報告の中で用いるよう指導する。 ・物事や対象を説明したりする際の事柄の順序を考えながら話せるように、教師が並べる順を複数示す。	[知識・技能①] **カード** ・事物を表す言葉、体験したことを表す言葉、色や形を表す言葉の文意に沿った活用状況の確認 [思考・判断・表現①] **ワークシート②** ・カードの並べる順とその順序にした理由の確認 [主体的に学習に取り組む態度①] **発言・行動・ワークシート①** ・他者との交流を通して報告順を見直している言動の確認・分析
5・6・7	○話したり、聞いたりする際に大切にしたいことを確認する。 ○声に出して、宝物の紹介をする練習をする。 ○グループごとに一人ずつ宝物について紹介する。紹介が終わったら、聞き手はワークシート③に感想を書き、話し手に伝える。 ○宝物を紹介するという学習を通して学んだことを振り返る。	・話し方や聞き方のポイントを示す。 ・互いの話し方（声の大きさや速さ）について、特によいと思ったところを伝え合うようにさせる。 ・聞き手には、自分が感じたことをワークシート③に記述したり、話し手に伝えたりさせる。 ・本単元の目標に則して身に付いたこと、今後の学習や生活の中で生かしていきたいことについて記述できるようにする。	・姿勢や口形、発声や発音に注意しながら話したり、声の大きさや速さを工夫して話したりしている。 [思考・判断・表現②] **発言・行動・ワークシート③** ・聞いている様子の観察 ・感想の記述の確認 ・宝物を紹介するという学習を通して学んだことを振り返っている。

ワークシート①

おわり	中	はじめ
とても気に入っているのです。これからも大切につかいたいです。		わたしのたからものは花がらのコーヒーカップです。

紹介したい事柄を書き出すカード

もらった場所 お母さんからのプレゼント やきもののお店で買ってもらった

りゆう 花がらがすき、このがらを見ていると、元気がでるから。

とくちょう 白地に、花の絵が細かく書いてある。ふちは、金色の線でふちどりされている。

第2時 「はじめ」と「おわり」について、ワークシート①に記述する。

第3時 紹介したい事柄をカードに書き出す。

第4時

①話す順序を考えて、カードをワークシート①の「中」に並べる。

おわり	中	はじめ
とても気に入っているのです。これからも大切につかいたいです。	もらった場所 お母さんからのプレゼント やきもののお店で買ってもらった／りゆう 花がらがすき、このがらを見ていると、元気がでるから。／とくちょう 白地に、花の絵が細かく書いてある。ふちは、金色の線でふちどりされている。	わたしのたからものは花がらのコーヒーカップです。

②なぜこのような順序にしたのか、付箋紙に書く。

③全体で話し合ったり、友達と交流したりした後に、もう一度、どのような順序にするか見直し、ワークシート②に書く。

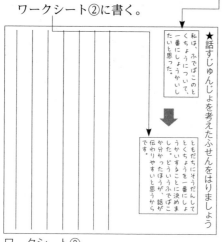

★話すじゅんじょを考えたふせんをはりましょう

私は、ふでばこのとくちょうについて、一番にしょうかいしたいと思った。

ともだちにそうだんして、とくちょうを一番にしょうかいすることに決めました。どういうふでばこか分かったほうが、話が伝わりやすいと思うからです。

ワークシート②

1　本時の目標

・宝物を紹介するという学習の見通しをもつ。また、宝物を複数想起し、その中から友達に一番紹介したいことを選ぶことができる。

2　中心となる活動

・宝物を紹介するという学習課題を確かめ、学習の見通しをもつ。

3　見取りの視点

　この時間は、宝物を紹介する活動を誰に向けて（相手意識）、何のために行うのか（目的意識）を明確にし、どのようなスピーチになるのかというイメージをもたせる時間とする。児童が見通しをもって取り組んでいるかは、全体のやりとりを通して、児童の反応を見ながら、見取っていくこととする。

　児童が選んだ紹介したい宝物や事柄については、座席表などに記録をし、児童がどのような話題に興味をもち学習に臨もうとしているのかという、それぞれの児童の学習の出発点を把握するようにする。

4　児童の姿と教師の評価・手立て

児童1 楽ふ ・とくちょう ・かったばしょ ・とどいたとき ・学校で ・りゆう	児童2 いし ・ひろったばしょ ・なぜ ・とくちょう ・思い出 ・石のせつめい	児童3 さいふ ・りゆう ・とくちょう ・もらったばしょ ・思い出 ・つかいかた
児童4 くつ ・りゆう ・いつつかったか ・とくちょう ・エピソード ・思い出	児童5 電子辞書 ・りゆう ・とくちょう ・かったばしょ ・思い出	児童6 テニスのラケット ・りゆう ・使った回数 ・買った場所 ・とくちょう ・思い出

　それぞれの児童の宝物と伝えたい事柄を把握しておくと、次時以降の指導の手掛かりとなる。また、内容だけでなく、「宝物をもってきて見せてくれる」「お家の人にエピソードを聞いてくる」「宝物をなかなか決められずにいた」のような姿も記録しておくと、個に応じた指導につなげることができる。

（左図の児童1～6は以下本文内の表記とも対応）

5　教師の省察（振り返り）

・学習の見通しをもつことについて

　児童に「宝物を紹介するスピーチをしよう」と提案すると、「自分の宝物を友達に伝えたい」「自分のことを知ってもらいたい」「自分のことを見直す機会にもなる」という声があった。そこで、スピーチをすることのよさを確認しながら、本単元では、クラスの友達に（相手意識）、自分のことを知ってもらうために（目的意識）、自分の宝物を紹介しようという共通理解を図り、学習をスタートすることとした。

　また、話したいことがたくさんある様子だったが、それらは整理して話さないと聞き手は分かりづらいということを伝え、話す事柄の順序を考えて話すことを学習課題とするということを全体で確認した。

・紹介したい宝物を選ぶことについて

　座席表の記録によれば、まだ宝物を選べていない児童が数名いるので、教師や友達の宝物を紹介し、自分が紹介する宝物を一緒に考えることとした。次時までに、宝物と紹介したい事柄について、ワークシート①に記述させるようにする。

記録に残す評価の時間 知識・技能の評価(1)オ

1 本評価に係る時間の目標

・身近なことを表す語句の量を増し、話の中で使っているとともに、語彙を豊かにすることができる。

2 中心となる活動

・事物の内容を表す言葉、経験したことを表す言葉、色や形を表す言葉を活用して、自分の紹介したい事柄を4〜6つ程度、カードに書き出す。

3 主な評価

　書き出したカードの記述内容から評価する。ここでは、宝物を紹介するための語彙を豊かにすることを目指して、事物の内容を表す言葉、経験したことを表す言葉、色や形を表す言葉を活用して記述できているかを評価する。なお、この評価は、1単位時間ではなく連続した2時間を通して評価していくこととする。

4 児童の姿と教師の評価・手立て

　Bの状況の児童の姿として、例えば、次のような姿があった。

　児童5は左のカードに、自分の宝物である「電子辞書」について、「とくちょう」として機能、形や色、手触りなど、「思い出」については、なぜ宝物なのか、宝物とのエピソードなどから、それぞれ1つまたは2つの内容を挙げている。使用している語句の量のみで評価するのではなく、質的な側面も含めて、「いまはもうなくなった」などの補足説明の記述や、紹介したいものの特徴について「つるつる」「でこぼこ」といったように様子が分かる言葉を用いている姿も評価していきたい。

5 教師の省察（振り返り）

・宝物について、次のように記述する児童もいた。紹介したいものを伝えるための語彙を豊かにもつAの状況の姿である。こうした記述例を紹介し、教室内の語彙を豊かに増やしていくことも学級集団全体の力を高めていくために有効である。

○Aの状況の児童のワークシート記述例

メダル
とくちょう キラキラしていて、ひょうめんはごつごつだけど、うらはつるつる。うらには、二人の絵がかいてあって、一人は自分で、もう一人は心の自分という意味。

・上記児童5は、友達との交流の後、次のように書くことができた。

電子辞書
とくちょう なんでもすぐしらべられる →ひょうめんはつるつるで、中はたくさんのボタンがあって、でこぼこ。

4
時間目

思考力・判断力・表現力の評価①A⑴イ

1 本時の目標

相手に伝わるように、宝物について、話す事柄の順序を考えることができる。

2 中心となる活動

・宝物を紹介するためにはどのような順序で話したらよく伝わるかを考えながら、ワークシート①の該当箇所にカードを置き、付箋紙にその理由を書く。

3 主な評価

話す事柄が書かれたカードを操作している様子を観察することで行う。一斉に操作している児童全員を活動中に評価することは難しい。そのため、カードをどのように並べたのかを観察したり、なぜ自分がその順序にしたのかを付箋紙に記述したりしたもので評価する。

4 児童の姿と教師の評価・手立て

Bの状況の児童の姿
伝えたいことが相手に伝わるように、宝物を選んだ理由を思い出しながら話す事柄の順序を考え、カードを並べている。

← なぜ宝物に選んだのかをカードに書いた事柄から考えさせる。教師がやりとりをしながら相手に一番伝えたい内容を決めるようにしたり、次に伝えたい内容についても考えを促したりしながら、ともに順番を決めていくようにする。

Cの状況の児童の姿
事柄の順序に沿ってカードを並べることができない。

付箋紙例

Bの状況①
わたしは、ぞうのぬいぐるみの特徴を一番に紹介しようと考えました。どうしてかというと紹介する人にどんなぬいぐるみかを最初に教えた方がいいと思ったからです。特徴を伝えると、どんな、ぬいぐるみなのか想像してもらえると思いました。

Bの状況②
ぼくは、くつがたからものの理由を一番に話したい。このくつは、ぼくが生まれて一番さいしょにはいたくつで、大切にしているから。

Aの状況
わたしは、ふでばこの特徴について一番に紹介しようと思った。どんなふでばこかを話した後に、手に入れた場所とかそのときの気持ちを話そうと思う。そうすると聴いている人によく伝わると思う。

5 教師の省察（振り返り）

・話す事柄をカードに書かせて、並び替えをしながら順序を考えさせることで、児童の思考を可視化して捉えることができた。思考力を評価する際には、このように可視化する手立てをとることが有効である。今回の実践では、カードは、1人5枚とした。本学級の児童にとっては適当な情報量だったが、実態に合わせて、検討する必要がある。

・順番を考える際に、事柄の順序だけでなく、聞き手に与える印象や効果まで含めた理由を記述している児童もいる。こうした児童はAの状況の姿として、全体指導の中で取り上げるようにするとよい。例えば、本実践においては、次のような発言があった。

最初に、宝物の特徴を言わないと、何のことだか分からなくて、聞いている人がもやもやするから、まず、特徴を話すとよいと思う。

最初に、理由を言って、どんなものなのか、もっと知りたいという気持ちになったところで、特徴を言うとよいと思う。

4
時間目

主体的に学習に取り組む態度の評価

1　本時の目標

・進んで、相手に伝わるように話す事柄の順序を考え、学習の見通しをもって、紹介しようとしている。

2　中心となる活動

・カードを並べた順序について全体で確認したり、友達に相談したりしながら見直し、その結果をワークシート②に書く。

3　主な評価

　話す事柄が書かれたカードを実際に並べている様子（発言・行動）の観察やワークシート②への記述をもとに行う。

4　児童の姿と教師の評価・手立て

　低学年の児童にとって自らの学習を調整することは難しい面もあるが、中・高学年において実現できるように、その基礎を少しずつ育てていく必要がある。そのため、本単元においては「聞き手に伝えたい」「これを紹介したい」という思いが実現できたのかについて、一人一人の児童が友達や教師との関わりの中で自身の学びを見つめることができるようにした。そうした学習活動の中に見られるBの状況の児童の姿として、例えば、次のような姿を挙げることができよう。

| **Bの状況の児童の姿** |
| 話す事柄の順序を考える際に、カードの並べ方について友達に相談している。 |

| **Bの状況の児童の姿** |
| 話す事柄の順序を考える際に、カードの並べ方について教師のアドバイスを受けて、再考している。 |

←

「他の並び順と比べてみよう」「この宝物について何を一番伝えたいのだろう」などと問いかけ、カードの並び順の工夫に留意させるようにする。

| **Cの状況の児童の姿** |
| カードの並び順を検討しようとする様子が見られない。 |

5　教師の省察（振り返り）

・児童に自分の思考や学びを振り返らせるために、ワークシート②を用いることにした。一人で順序を考えたとき、どのように考えたのかを、上の付箋紙に書いておく。交流した後に、もう一度順序を考えて、変わったのか変わらなかったのかを書かせるようにする。考えの変容を可視化し、振り返らせることで、児童自身が自分の学びを自覚化できるようになると考える。児童4は、はじめに特徴を話すということに変更はなかったが、最後に、思い出を話すという考えを追加した。理由は、

うまく書けないこともあるので、積極的に教師がインタビューをするとよい。児童4は「じーんとする話をさいごにしたい」と教えてくれた。

第4時の指導の工夫と授業の流れ

ここまでの授業を振り返って

前時は、宝物を思いうかべながら、話したい事柄を5つ程度カードにそれぞれ書き出した（右図参照）。カードを操作するときに、カードの内容がひと目で分かるように、便宜上、小見出しをつけさせた。ほとんどの児童が、教師が予め作成したモデルを参考にしたり、友達と相談をしたりしながら、5つのカードに話す事柄を書くことができた。

それぞれの児童がどのようなカードを書いたのかについて、前時の活動の記録及び評価として書き出し、本時ではどのような順序でカードを並べるのかについて分析した。その結果、本時では、「宝物に選んだ理由」、「宝物の特徴」、「手に入れたときの思い出」のどれを一番にするか悩む児童が多くいることが予想された。

◯ 本時の目標

相手に伝わるように、身近なことや経験したことに基づいて、話す事柄の順序を考えることができる。

主な学習活動	指導上の留意点	評価規準・評価方法
1　本時のめあてを確認する。	・宝物を友達と紹介し合う活動の意義や目的を共有し、主体的に取り組めるようにする。	
じぶんのたからものについて、友だちにつたわるように、話すじゅんじょを考えよう		
2　宝物を友達に紹介するためには、どのような順序で話したらよく伝わるかを考えながら、ワークシート①にカードを並べ、その理由を付箋紙に書く。	・ワークシート①にカードを並べたら、タブレットで写真を撮り、記録させる。 ・どのような順序で説明すると伝わりやすくなるかについて例示する。	[思考・判断・表現A(1)イ] 宝物について相手に伝わるように、身近なことや経験したことに基づいて話す事柄の順序を考えている。 評価方法：付箋紙 ・カードの並び順とその順序にした理由の確認
3　付箋紙の記述を基に、話す順序について全体で確認したり、友達に相談したりする。	・友達が並べたカードの順序と比べたり、友達に相談をしたりしながら、順序を考えるように促す。	
4　カードの並び順を見直し、その順序で紹介しようと決めた理由をワークシート②に書く。	・最初の並び順から交流後に決めた並び順になった過程を振り返り、交流後の並び順に決定した理由を書くことができるようにする。	[主体的に学習に取り組む態度] 進んで、相手に伝わるように話す事柄の順序を考え、学習の見通しをもって紹介しようとしている。 評価方法：ワークシート② ・友達との関わりを通して並び順を見直している様子を確認
5　ワークシート②に書いたことを全体で発表し合う。	・話す事柄の順序を考える際のポイントについて全体で共有する。	
6　学習を振り返るとともに、次時の見通しをもつ。	・話す事柄の順序を考えることのよさや重要性に気付かせる。	

◉ 本時における指導と評価の一体化の視点からのポイント

1．本時のめあてを確認

　学習を始める際には、学習や活動の目標や目的を共有することが大切である。そのことを改めて確認するために、本時では、導入場面において、第1時で共通理解を図ったことを振り返るような、次のような全体指導を行った。

T：自分の宝物について、日直スピーチで話すことにしましたね。みんなも「やりたい」と言っていましたが、今回のスピーチ活動でどのようなことをしたいのですか。

C：みんなに、自分のことを伝えたい。

C：みんなに、自分のことを知らせたい。

C：自分のことを見直したい。

T：そうですね。スピーチを通して、友達に自分のことを知ってほしいですね。そこで、今日のめあてですが、「じぶんのたからものについて」、次が大事ですよ、「友だちに伝わるように」、「話すじゅんじょを考えよう」としましょう。

　宝物を大切にしていることや、宝物の素敵なところが、友達に伝わるようにするには、どのような順序で話したらよいのでしょう。考えていきましょう。

C：もう思いついています。

C：考えてきました。

　話の事柄の順序を考える際には、「相手に伝わるように」ということがポイントとなる。「相手に伝わるように」とは、「聞き手を意識して、聞き手に伝わるかどうかを想像しながら話の構成を考えること」（小学校学習指導要領国語）とある。そこで、授業の導入場面において、活動内容の確認だけでなく、その活動における目的意識や相手意識を全体で何度も確認をした。学習を進めるに当たっては、「相手に伝わるように」考えているのかということを根拠に、指導と評価の一体化を図っていくようにする。

2．話す順序を考える児童の姿

　話す事柄の順序をどのように考えているかが分かるように、5枚のカードを並べ替えさせる活動を取り入れた。児童は、写真のように、5枚のカードを操作しながら、どの順序がよいのかを考えていた。

　この場面における［思考・判断・表現］A(1)イの評価は、カードを操作している様子を観察したり、付箋紙への理由の記述をもとにしたりして行った。観察したことや付箋紙の記述については、座席表型評価補助簿に記録しておく。

例えば、次のような付箋への記述をBの状況と評価した。

A児：とくちょうにするか、思い出を話すかでまよいました。でも、どうしてえらんだかをしょうかいしたいから、思い出をさいしょにはなすことにしました。	B児：りゆうを一番に話そうと思います。りゆうをいうと、それがどうしてたからものなのかがすぐに分かるからです。

　一方で、付箋紙になかなか書き出せない児童もいた。そういった児童には、教師が「どうして、このカードを一番においたの？」「どうして、このカードの次に、このカードをならべたの？」「このカードのかたまりが先で、このカードのかたまりが後なのは、なぜ？」と、考えを引き出すような質問をした。教師とのやりとりを通して、自分の考えを言語化させていくようにした。

　実際には、次のようなやりとりを行った。

T：どうして、だれにもらったのかを、最初に、話そうと思ったの？
C：お母さんにもらったのがうれしかったから、それを一番に伝えたい。

T：どうして、特徴を、一番に、話そうと思ったの？
C：どんなものかが分からないと、何の話か、分かってもらえないと思ったから。

T：どうして、こういう順番にしたの？
C：最初に、理由を言うといいと思ったから。その次に、どういうものかを話して、その後に、お気に入りのポイントを話そうと思っています。

　教師とのやりとりやカードの並べ方を付箋紙に書くことによって、本学級では、時間的な順序や事柄の順序を考えるとともに、聞き手に与える印象や効果までを含めた理由を記述している児童が出てきた。「十分満足できる」（A）の姿である。そうした児童の考えを全体で取り上げて、Aの状況を目指した指導を行うこととした。

全体指導場面

C児：ぼくの宝物は、ナノブロックなのですが、まずは、買ったときのエピソードを話します。その後、買った場所、その後、作った時のこと、完成して遊んだ時のこと、最後に、理由を言います。
T：時間の順序に沿って、お話をするんだね。

D児：私は、キーホルダーなのですが、さいしょに、とくちょうを話します。どういうもの相手に分かってもらわないと、その後の話が分からなくなってしまうからです。
E児：私の宝物は、とくちょうも大事なんだけど、聞いている人が、どこで買ったのかなと気になってしまうので、どこで買ったのかを先に言います。その後、特徴を話します。最後に、やっぱり、これが宝物なんだって納得してもらう意味もこめて、理由を言います。
F児：私は、宝物が自分が作った楽譜なんだけど、理由を先にしました。どういうものなのか、ワクワクさせておいてから、特徴を話そうと思います。
T：ワクワク作戦だね。

　こうした発話に見られるように、聞き手に与える印象や効果について考えている姿を「ワクワク作戦」と価値付けて、全体で共有した。その後、もう一度、自分の付箋紙の順序を考えなおす時間をとった。

3．実際にスピーチをしながら、この順序でよいかを考える

　話す事柄の順序が大体決まったところで、今度は、友達と相談をしたり、声に出してみたりしながら、考えさせた。

　児童同士で、「どうして、これが一番なの？」「特徴と、思い出って、どっちを先に知りたいかな」「ちょっと、これで、スピーチしてみて」などのやりとりが見られた。友達に聞いてもらって、「いいね」「分かる！」「そうなの？」などの反応をもらうことで、相手意識をより一層明確にもつことができたようだった。

児童1：私の宝物は、自分で作曲した曲を書いた楽譜です。私は、音楽が好きなので、……
児童2：どんな曲なの？
児童1：♪・・だよ
児童2：それ、入れるといいよ。どんな曲を作ったかを入れたほうが、聞いている人はワクワクするんじゃないかな。
児童1：分かった、最後に入れてみようかな。

　このように、話すこと・聞くことの学習においては、実際に声に出して、スピーチをしながら考えさせることが大切である。声に出して話してみることで、相手に伝わりやすい順序になっているのか、つながりのある順序になっているのかを改めて考えることができる。こうした場面においては、聞き手の反応も重要になってくる。自分で声に出してスピーチした感じと、相手の反応を踏まえながら、自分のスピーチメモを見直したり、自分のスピーチに自信をもったりすることができる。

4．自身の学びを見つめ、試行錯誤する姿から、主体的に取り組む態度の評価を行う

　主体的に学習に取り組む態度は、全体で確認したり、友達や教師のアドバイスを受けたりして、カードの並び順を見直している様子（発言・行動）の観察やワークシート②への記述内容（図参照）から評価した。低学年の児童にとって、自らの学習をメタ認知することは難しい面もあるが、その基礎を少しずつ築いていく必要がある。そのため、本単元では、最初に考えた順序が、全体での学びや友達や教師との関わりの中で、変わったのか変わらなかったのかを振り返らせる場を設定した。

　例えば、話す事柄の順序を考える際に、カードの並べ方について、友達と相談したり、話す事柄の順序を考えたりしている自分の姿を記述している様子が確認できた児童をBの状況とした。

例えば、下図に示したように、児童3は、「特徴」から話そうと決めたものの、「思い出」か「特徴」で迷っていた。

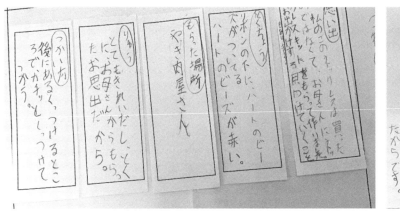 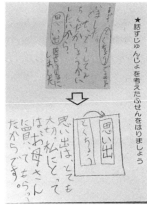

　このように、相手に伝わりやすい順序について、どちらがより伝わりやすいのかと、考え続けていることについても記述していた。児童のワークシートを読み、どちらにより伝えたい思いがつまっているかを考えさせようと、「どちらのことをより伝えたいか」と助言した。また、「自分が大事にしているということを伝えるとよいのではないか」という友達の助言もあった。児童3は、教師や友達の助言を踏まえて、「思い出」を先に話すことにした。こうしたことから、児童3は、話す事柄の順序を振り返っているとともに、友達や教師からの助言を踏まえて、スピーチをさらによりものにしようと粘り強く試行錯誤する様子が見られたと判断し、Bの状況と評価した。

　その他にも、次のような振り返りの記述に対して、話す事柄の順序を粘り強く試行錯誤する姿と評価することとした。

　学習の振り返りより

・順番を考えるのは難しいけれど、聞いてくれる人の気持ちを考えながら、順序を考えていくのは、楽しかった。
・話す順序がこんなにたくさんあるなんて、思いもしませんでした。早くスピーチがしたいです。
・スピーチのやり方とか、順序とかがよく分かりました。○○さんの考えがたしかにそうだなと思いました。
・話す順序によって、人の思いや考え方が違うということが分かった。順序は大切だと思った。
・順序を考えると、よりみんなに伝えられることがわかった。みんなをウキウキさせられるやり方が分かって、楽しかった。

　児童が、カードを操作しながら、楽しそうに話す事柄の順序を考えていたのが印象的だった。5枚のカードの並び方は何通りもあったが、「一番にはじめに、何を話すか」「この次に、何を話すか」をポイントにすると考えやすくなった。話す事柄を5つにしたことで、本学級では、充実した思考活動が見られましたが、実態に合わせて、考えるポイントを示したり、カードの数を減らしたりするとよいだろう。

　自分の伝えたい思いを相手に伝わるように試行錯誤しながら考えさせるためには、自分の宝物について伝えたいという思い、相手に知ってもらいたいという思いをもたせることが大事であると感じた。特に、音声言語であるスピーチの学習においては、児童同士のやりとりを多く取り入れ、聞き手の反応を見ながら、話す事柄の順序を考えさせることが有効であると考える。児童は、授業のはじめから、友達に相談したいと言っていた。友達に相談したり、友達に話して聞かせたりすることで、スピーチをする相手の反応がより具体的にイメージされ、本単元で目指す資質能力の育成につながっていくということを、改めて感じた。

　また、低学年であっても、自分の思考を振り返る場面を設定し、自分の思考や学びを言語化させることで、思考の変容や学びを意識できるということが分かった。そうした実感を伴った学びこそが、今後の生活場面に生きて働く力となるのではないかと思った。

(参)観者の視点から

　授業前から自分の宝物を知ってほしいという思いが児童にあふれていました。そのためには、順序よく話さなければなりません。その順序に目を向けるのが本時です。授業者の例示から順序の大切さを知り、自分は最初に何を言いたいか、聞いてくれる人は何を知りたいか。その両面から順序を考えていきます。いざ友達と交流すると考えもしなかった様々な順序があることが分かり、進んで並べた短冊を見直していました。振り返りでは、「友達や先生に分かりやすいと褒められた」と自信をもつ子、「こんなに順序があるなんて思わなかった」と驚きを綴る子が印象的でした。そのかげには、授業者の丁寧な見取りと対話があります、思考は目に見えません。だからこそ、一人一人との対話を心掛け、その子の思いや考えを引き出すことが学習状況の把握と資質・能力の育成につながる。そう再認識することができました。

　もう二つ、印象に残ったことがあります。一つ目は相手意識の重要性です。友達に宝物を紹介したい。友達の宝物を聞いてみたい。その思いがよりよい話し方、聞き方を導きます。そして、このような学習を通して児童同士の心が結びつき、学級集団としても成長していくのです。

　二つ目は、カード、ワークシートの工夫です。実際に手を使って何度もカードを並び替えることで、順序を変えると話がスムーズにつながったり、聞き手に分かりやすくなったりすることを児童は理解していきました。また、最初のカードの並び順をタブレットで撮影しておくことで変化が教師にも理解でき、的確な指導と評価を可能にしていました。最終的に、なぜその順序にしたのか。順序を変えたのか変えなかったのか。ワークシートで本時の学習を振り返っていました。こうした振り返りを積み重ねることにより、将来的に自らの学習をメタ認知する力が育まれるのだと実感しました。

(茅野政徳)

記録に残す評価の時間 思考力・判断力・表現力の評価②A(1)エ

1 本評価に係る時間の目標

・話し手が知らせたいことを落とさないように聞き、話の内容を捉えて感想をもつことができる。

2 中心となる活動

・友達のスピーチを聞いて、自分が感じたことをワークシート③の感想欄に記述する。

3 主な評価

　ワークシート③の記述を通して評価する。その際、話し手が実際に話した内容と照らし合わせながら行うようにする。ここでは、話を聞く際に、「話し手が知らせたいことを落とさないように聞くこと」「感想を記述すること」の2点を指導することが大切である。

4 児童の姿と教師の評価・手立て

Bの状況の児童の姿
話し手が知らせたい宝物の特徴を正確に聞き取り、その内容を捉えて感想を記述している。

← 宝物について、話し手に質問して確認するように促し、また、「おもしろそう」「たのしそう」などの言葉を例示し、自分の気持ちに合う言葉を選んで表現できるようにする。

Cの状況の児童の姿
感想を記述することができない。

★ふりかえりをかこう。

れんしゅう　ふりかえりカード

★スピーチはうまくできましたか

スピーチのめあて	◎よくできた　○できた △もう少し
①大きな声で	
②ちょうどよいはやさで	

★じぶんがスピーチしてみて思ったことを書きましょう。本番では、どのようなことをがんばりますか。

★お友だちのスピーチのよかったところを書きましょう。

ワークシート③

○ワークシート例

> **Bの状況の児童の姿**
> ○○さんの宝物の話を聞いて、電子辞書がどうして宝物なのかがよくわかりました。
> はじめに、いまはなくなったおじいちゃんからもらったものだということを話してくれたので、大切さが伝わってきました。
> 宝物には思い出はつまっているんだなと思いました。

> **Aの状況の児童の姿**
> ○○さんの宝物の石のことがよく分かりました。さいしょに、特徴をはなしてくれましたが、色も形も変わっていて、特別な石だということがよく分かりました。どんな風に使っているかも教えてくれて、おもしろかったです。私も、今日の帰り道に、石をよく見ながら、歩いてみたいと思いました。

5 教師の省察（振り返り）

・スピーチの場面においては、学びを自覚化させるという観点からも、自己評価や他者評価を取り入れることが多い。その際には、できたかできないかを○×で評価するのではなく、自由記述で書かせるようにしたい。書かせる際には、これまで、どういったことをポイントに学びを進めてきたかを全体で確認するとよい。キーワードを板書しておくだけでも、意識化され、そうした視点で振り返りをさせることができる。本実践においても、それぞれの内容と事柄の順序と合わせて、記述する姿が見られた。

・ほとんどの児童が、自分が興味をもったところや感心したところなどを伝えることができた。こうした姿をBの状況としたが、さらに、自分の体験と結び付けるなどして感想を記述する姿は、Aの状況として、指導に生かしていきたい。例えば、下のような発言や記述が見られたので、全体で共有するようにした。

> ○○ちゃんの宝物はおばあちゃんとの思い出がつまっていることが分かった。私の宝物も母にもらったものだから、大切にしたい。

> ○○くんの宝物は、私と同じ石だった。最初に特徴を話してくれたので、2人は好みがちがうんだなと思いながら聞くことができた。

1　本時の目標

・宝物を紹介するという学習を通して学んだことを振り返ることができる。

2　中心となる活動

・宝物を紹介するという学習を通して学んだことを学習感想として、ワークシート③（振り返り）にまとめる。

3　見取りの視点

　本単元の目標に則して、身に付いたこと、今後の学習に生かしていきたいことについて記述させ、今後の指導に生かしていくようにする。

4　児童の姿と教師の評価・手立て

児童1	児童2	児童3
お母さんに買ってもらったという思い出が大切。伝えたいことを一番に話すとよいと思った。	自分にとって、宝物のよさが分かった。これからも大切に使っていきたい。	話す順序がこんなにいろいろあるなんて、思いもしなかった。伝えたいことに合わせて考える。
児童4	児童5	児童6
思い出が詰まっている宝物のことをスピーチするのが楽しみ。	友達の宝物を知ることも楽しみ。みんなは、どんな理由があるのかな。	話す順序を考える事が大切だと分かった。ちがうスピーチをするときにも考えていきたい。

　内容だけでなく、本単元の重点である、話す事柄の順序を考えることがどうであったかを振り返らせるようにする。「伝えたいことを一番に話すとよい」「ちがうスピーチをするときにも考えていきたい」のように、今回の学習をこれからの生活や他の学習に生かそうとする姿が多く見られることを目指していきたい。そのために、書いたことを発表し合ったり、教師の思いを伝えたりしていくことも大切である。

5　教師の省察（振り返り）

・話す事柄の順序について考えることも重要であるが、何よりも、スピーチ場面を充実した楽しいものにしたい。発表場面が楽しく充実したものであれば、児童はもっと伝えたい知りたいという思いをもち、話し方や聞き方への関心を高めていくであろう。スピーチを通して、コミュニケーションの楽しさを再認識させたい。

・本単元で学習したことをもとに、もっとスピーチ活動をしたいという声が挙がることを期待する。今回の学習を生かして、他の話題でスピーチ活動を行うなど、継続した取組につなげていけるとよい。

スピーチ場面の「指導と評価の一体化」はどうするの？！

　話すこと・聞くことの低学年の事例「たからものをしょうかいしよう」では、A話すこと・聞くこと(1)イ、エを重点とした単元における指導と評価の一体化について、説明しました。では、A話すこと・聞くこと(1)ウを重点とした場合、どのように指導と評価の一体化を図っていけばよいのでしょうか。

　A話すこと・聞くこと(1)ウには、「伝えたい事柄や相手に応じて、声の大きさや速さなどを工夫すること」とありますが、このスピーチ場面における表現に関わる思考をどのように評価するのか、難しいという声をよく聞きます。理由は、2つあると考えています。**1つめは、消えてなくなる音声言語の特性上、再度確認をしたり、児童と共有したりすることが難しい**ということです。**2つめは、スピーチには様々な資質・能力が関わっているため、思考力に焦点をあてて評価するということが難しい**ということです。

　こうした課題を乗り越えるために、指導を進めるに当たって、いくつか工夫をする必要があります。その工夫について、「楽しかったよ、二年生」の実践を例にお話しします。

単元名：つたえたいことをきめて、はっぴょうしよう　楽しかったよ、二年生

単元の目標
　・相手に伝わるように順序を考えて、声の大きさや速さを工夫して話すことができる。
　・話し手が伝えたいことを集中して聞き、感想を伝えることができる。

単元について（全8時間）
　第1時　　学習課題を設定し、学習計画を立てる。
　第2時　　1年間を振り返って、話すことを決める。
　第3～5時　組み立てを考え、スピーチメモを書く。
　第6時　　スピーチの練習をする。
　第7～8時　スピーチを聞き合い、感想を伝え合う。

本時の概要（第6時）
◇本時の主な評価
　・相手に伝わるように声の大きさや速さを工夫して話している。【思考・判断・表現】

◇本時の流れ
　①本時のめあて「スピーチの練習をしよう」を確認する。
　②前時に書いたスピーチメモをもとに、ペアで練習をする。
　③練習を中断して、ポイントを全体で確認する。
　④ポイントを意識しながら、ペアで練習の続きを行う。
　⑤本時の振り返りをする。

指導と評価の一体化の視点からのこだわりポイント（第6時を中心に）

①スピーチをするときに気を付けたいポイントを全体で確認する。

　スピーチの練習をする際には、気を付けたいポイントを全体で確認します。ポイントを意識させることで、評価の観点を明確にすることができますし、児童とポイントを共有することで、助言や賞賛がしやすくなります。

　全体で確認をするタイミングは、練習の前と決めずに、何度か練習をしてみて、うまくいかないという悩みを児童が感じたときが一番よいでしょう。授業が始まり、児童は「よし、これから練習するぞ」と思っているにちがいありません。まずは、やらせてみましょう。何度かスピーチをしてみて、うまくいかない、どうしたらよいのだろうという思いをもったときが指導のチャンスです。

　ポイントを確認する際には、スピーチ例を示した上で、そのよさに気付かせるなど、児童自身の気付きを重視した指導を行うようにします。スピーチ例を示す方法は、教師がモデルとなってスピーチを行う方法、代表児童にスピーチをしてもらう方法などが考えられます。また、デジタル教科書や予め録画しておいた動画などの活用も有効です。

　本時では、教師がモデルとなって、次のようなスピーチ例を実施しました。

> 私は、てつぼうで、さかあがりができるようになったことが心にのこっています。さいしょは、こわくて、てつぼうが苦手でした。友だちがさそってくれて、休み時間にれんしゅうをするように……

　このようなスピーチ例を実演した後に、「スピーチを聞いたり、スピーチをする様子を見たりして、よかったな、真似したいなと思ったところはどこですか」と発問しました。

　すると、児童から

> 聞き手が聞き取りやすい声の大きさで話すとよい

> 口をしっかり開いて、はっきりしとした声で話していて、聞きやすい

> 聞いている人を見て話していてとてもよい

> 聞き手が聞き取りやすい速さの声で話すとよいことが分かった

　これらの気付きを板書しながら整理し、

「相手につたわるように、相手を見て　口をあけて　声の大きさ　速さ　を工夫する」

ということをポイントとして共有しました。評価の際には、このポイントを意識しながらスピーチの練習をしているかを見取ります。

②動画で記録する

　一人一人のスピーチの様子を録画しておくと、教師が評価する際に繰り返しみることができるだけでなく、その動画を活用し、様々な形で指導と評価の一体化を図ることができます。

　例えば、再生した動画を見ながら、前ページの4つのポイントについて、具体的にアドバイスすることができます。また、自分のスピーチを見ることで、自分のスピーチを視覚的に客観的に振り返ることができます。相手に伝わるようにスピーチできていないことに気付き、工夫をしようとしたり、練習をしたりする児童の姿は、Bの状況と捉えることができるでしょう。

③評価補助簿に記録する

　スピーチの練習場面においては、評価をしながら、それぞれの実態に合わせた的確な助言を行う必要があります。一人一人の学びを把握しておくために、座席表型の評価補助簿（下図）を作成し、活用するとよいでしょう。

　評価補助簿には、前時までの取組の様子や振り返りシートをもとに、本時における目標を記入しておきます。練習中は、全体で確認したスピーチのポイントを意識できているかにしぼって◎〇△などを記入したり、練習の様子について特徴的なことをメモしたりしながら、指導に生かす評価として記録しておきます。

〈記録の例〉

	相手を見る	口をあける	声の大きさ	速さ	相手を意識	練習の様子
A児	－	－	〇	－	〇	友だちからのアドバイスを受け入れながら練習
B児	〇	〇	〇	〇	〇	メモを見ないでスピーチできる
C児	－	－	－	－	－	ゆっくり話すように指導

　児童の学びの姿は教師の想定を超えることがよくありますが、ポイントを絞ってみていくことで、児童の思考や思いが理解しやすくなり、指導や支援もしやすくなるでしょう。さらに、こうした一時間ごとの評価補助簿による記録は、単元終了時に、個人のスピーチ活動の資質・能力を総合的に評価する際にも有効です。できているかできていないかということをチェック

するような記録ではなく、「ここを伸ばしたい」「前よりもここが伸びている」など、指導に生かしていくという意識をもって、記録するようにします。

④スピーチ練習の場の設定を工夫する

　一人一人の練習の様子を丁寧に見取って指導したいという気持ちは山々あっても、35人近い児童の様子を一人で見ていくのはとても難しいことです。少しでも多くの児童の練習の様子を見るために、場の設定を工夫するとよいでしょう。

　本実践では、スピーチをする児童を一方向（前方）に向かせて、スピーチの練習を行うことにしました。こうすることで、教室前方に立っている教師から、スピーチの様子を一望することができるので、全体の見取りがしやすくなり、軽重をつ

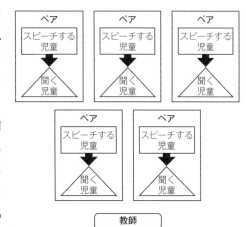

けた指導を行うことが可能になります。練習がうまくいっているペアにはさっと目を配り、うまくいっていないペアや指導が必要な児童にはそばに行って、時間をかけて指導するようにしました。

⑤振り返りをさせる

　スピーチが終わった後は、自己評価の時間をとるようにしました。その場合、振り返りカードを用意して記述させたりしますが、低学年の児童は、練習の際に考えたことを言語化できないかもしれません。教師が「どんなところに気を付けて練習しましたか」「どんなところがうまくできましたか」など、積極的に関わって、スピーチの工夫を言語化させることが大切です。それによって、児童がどのように考えていたのかを理解することができるでしょう。

○B、Cの状況の児童の姿と教師の手立て

Bの状況の児童の姿 相手を意識しながら、聞き取りやすい声の大きさや速さで話している。	← 教師が聞き役となり、反応を返すことで、聞き手を意識させるようにした。	Cの状況の児童の姿 相手に伝えるという意識が乏しく、スピーチメモを読んでいる。

○教師の省察

・伝えたい相手や事柄に応じて、声の大きさや速さを工夫するという思考をみることは容易ではありません。思考を可視化する手立てをとることも必要ですが、教師が積極的に関わって、思考を言語化することが大切であると考えています。

単元名

農家さんの努力をしょうかいしよう
―ストップ食品ロス!―

元にした教材:東京書籍3年下「外国のことをしょうかいしよう」

❶ 単元の目標

　グループで調べたことについて、聞き手に伝わるように話の組み立てを考え、話し方を工夫することができる。

❷ 単元で取り上げる言語活動　調べたことを基に話したり、それを聞いたりする。…A(2)ア

❸ 単元の評価規準

知識・技能	思考・判断・表現	主体的に学習に取り組む態度
①相手を見て話すとともに、言葉の抑揚や強弱、間の取り方などに注意して話している。((1)イ) ②考えとそれを支える理由や事例、全体と中心など情報と情報の関係について理解している。((2)ア)	①「話すこと・聞くこと」において、相手に伝わるように、理由や事例などを挙げながら、話の中心が明確になるよう話の構成を考えている。(A(1)イ) ②「話すこと・聞くこと」において、話の中心や話す場面を意識して、言葉の抑揚や強弱、間の取り方などを工夫している。(A(1)ウ)	①学習課題を明確にし、話の中心が伝わる話の構成になっているのかを積極的に確かめようとしている。

❹ 「指導と評価の一体化」の視点からのポイント

　児童は、社会科「わたしたちのくらしと人々の仕事」において、にんじん農家の仕事について学習を行った。また、そのことに関連して、総合的な学習の時間「野菜作りに挑戦しよう」を行い、農家の仕事を体験するために校内に畑を耕して野菜を育てたり、必要な道具や肥料について調べたりして、農家の仕事や野菜作りについて関心を高めている（資料1）。

　そこで本単元では、全国の小学校、本校の給食の廃棄量を提示した上で、残菜量を少しでも減らせるように、農家の工夫や努力を文化祭で紹介する言語活動を設定した。相手に伝わるように、理由や事例などを挙げながら、話の中心が明確になるよう話の構成を考えることに重点を置いて指導する。また、伝えたい内容を精査し、相手に伝えるためには、考えとそれを支える理由や事例、全体と中心など情報と情報の関係について理解していることが必要となるため、知識及び技能の指導内容として取り上げて指導する。

　以上のような観点を評価するために、本事例では、他教科等と関連させながら、児童が話す内容の中心を決めていくワークシートを活用した。また、児童が自分の話す内容に合った構成を考えることができるように、いくつかの発表モデルを用意し、児童が自分に合ったモデルを選ぶ活動を仕組んでいく。児童には、選んだモデルを基に発表原稿を書かせたり、実際に紹介させたりする。これらの活動を通して、児童がどのような根拠で話す構成を決めたのかをワークシートから見取ったり、話し方をどのように工夫するべきと考えていたのかを観察したりして、その内容を評価の対象とする。

単元の流れ（全8時間）

時	学　習　活　動	指導上の留意点	評価規準・評価方法等
1	○農家の人の努力や工夫を紹介する学習の見通しを立てる。 ○既習内容を想起して、伝えたい内容を選ぶ。	・全国の小学校、自分が通っている学校の給食廃棄量、日本の食品廃棄量を提示して、児童の伝えたい思いを引き出したり、伝える目的を明確にしたりする。 ・学習の見通しをもてるようにする。 ・今まで学習した社会科の内容や総合的な学習の時間の内容を基に伝えたい思いや紹介したいものを選べるようにする。	・問題意識を明確にもち、学習の見通しをもっている。 ・他教科等の内容を生かして問題意識をもっている。
2	○自分が伝えたいことを意識して、それを支える事例を既習事項から整理して挙げていく。	・伝えたい思いに合った紹介する情報が何であるかを整理できるようにする。	[知識・技能②] **ワークシート** ・伝えたいことを支える事例を確認（紹介内容の詳細）
3・4	○伝えたい内容を基に、どのような構成で話せばよいかを決め、発表原稿を書く。	・「問いかけ－応答型」のスピーチ、「見出し型」のスピーチ、「総括型」のスピーチのモデルを視聴し、どのスピーチが自分の伝えたい内容に合っているのか考えられるようにする。	[思考・判断・表現①] **発表原稿** ・紹介したい内容に合った構成の選択、構成に合わせた原稿
5	○友達同士で発表を聞き合い、聞き手は学習シートに感想を書き、話し手に伝える。 ○自分が伝えたい内容に合った資料を選び、ポスターを作成する。	・「紹介したい内容が違う」児童同士で、発表内容に着目して発表練習を聞き合うようにする。 ・社会の教科書や、インターネットで調べたものから、伝えたい内容に合った資料を選ぶことができるようにする。	[主体的に学習に取り組む態度①] **交流・発表原稿** ・話の中心が伝わっているかを聞き手の反応を見て発表原稿を見直している様子
6・7	○聞き手に伝わりやすい発表に仕方を考える。 ○発表原稿に留意点を書きこむ。	・自分の発表練習の様子を動画に撮って視聴し、話し手、聞き手の視点を明確にできるようにする ・話し手の視点を踏まえて「目線」→青、「抑揚・間」→赤、「強弱」→黄で色分けをしながら発表原稿にメモを書きこめるようにする	[思考・判断・表現②] **発表練習** ・発表原稿を基に抑揚、強弱、間を意識した発表練習の観察、聞き手の感想の確認
8	○友達同士で発表を聞き合い、聞き手は学習シートに感想を書き、話し手に伝える。 ○農家さんの努力を紹介するという学習を通して学んだことを振り返る。	・「紹介したい内容が類似している」児童同士で、発表の仕方に着目して、発表練習を聞き合うようにする。 ・今回の学習で学んだことを、どのような場面で活用することができるか記述できるようにする。	[知識・技能①] **発表原稿・発表練習** ・目線、抑揚、間、強弱を伝えたい内容に合わせた書きこみ、発表練習の確認

資料1　農業の学習をした児童が実際に農作業を体験している様子

農家の人はこの何倍も広い畑で作業しているんだよね……

頑張って耕したから、野菜ができるのが楽しみ！

1　本時の目標

・農家の人の努力や工夫を文化祭で紹介するという学習の見通しをもつ。また、社会科や総合的な学習の時間に学習したことを想起し、紹介したい内容を選ぶことができる。

2　中心となる活動

・農家の人の努力や思いを紹介するという学習課題を確かめ、学習の見通しをもつ。
・以前取り組んだ学習を想起して【伝えたいこと】を明確にし、【紹介したいことの内容】を選ぶ。

3　見取りの視点

　この時間では、調理員が給食を廃棄している様子を動画で見せ、児童の通っている学校と全国の小学校の給食廃棄量を提示する。そのことを通して、児童には自分が伝えられること、紹介できる内容は何かを考えられる時間にしたい。給食廃棄量を提示した際の児童の反応を見取り、言語活動につなげていく。また、【伝えたいこと】と【紹介したいこと】、それを具体的に説明する事例となる【紹介したいことの内容】を書きこめるワークシートを用意し、児童の目的意識や調べたい内容や使いたい資料を把握できるようにする。

4　児童の姿と教師の評価・手立て

【伝えたいこと】 給食の野菜を一口でも食べてほしい	【伝えたいこと】 食べられる分だけお皿によそって、食べられない分は減らしてほしい	【伝えたいこと】 給食を残さないように、できるだけ一生懸命食べてほしい
【紹介したいこと】 にんじん作りの流れ	【紹介したいこと】 自分たちの野菜作りで大変だったところ	【紹介したいこと】 真心をこめて作っているにんじん農家さんの思い
【伝えたいこと】 給食だけではなく、全ての食べ物に感謝の気持ちをもってほしい	【伝えたいこと】 自分の食べられる量やものをしっかりと分かることが大切	児童の伝えたいことと紹介したいこととその内容のつながりがあるかを意識して見取っていく。また、どちらかが書けていない児童には、社会や総合的な学習の時間で学習したことを掲示物やノートから想起させ、児童が給食の排気量を見て感じたことを書くように促す。
【紹介したいこと】 にんじん作りにかかる時間や手間	【紹介したいこと】 農家さんの安全に野菜を食べられるようにするための工夫	

5　教師の省察（振り返り）

・学習活動の見通し

　動画や廃棄量を提示すると、「農家さんがかわいそう」や「作り手の気持ちや工夫を知らないからだ」という声が挙がった。その声に合わせて「どうしたらよいか」という発問に対し、「農家さんの工夫や自分たちの体験を伝えれば、残す人が減ると思う」という児童からの発言が挙がり、目的意識を明確にしたうえで、農家の努力を紹介することに見通しをもつことができていた。

・【伝えたいこと】と【紹介したいこと】、【紹介したいことの内容】について

　問題意識を明確にした児童は、【伝えたいこと】を書き終えると、それに合わせて【紹介したいこと】及びその内容を考えていた。一方で、「どういう流れで紹介したらよいかな」「全部紹介したら逆に伝わらないかも」と構成や内容に課題をもっている児童もいたので、次時につなげていく。

記録に残す評価の時間 知識・技能の評価①(1)イ

1 本時の目標

・自分が伝えたいことを意識して、それを支える事例を既習事項から整理して挙げることができる。

2 中心となる活動

・既習事項（社会科や総合的な学習の時間）を基に、【紹介したいことの内容】の例を考え、2～4つ程度ワークシートに書き出す。

3 主な評価

ワークシートに書き出した内容と使っている資料を基に評価する。その際、目的を意識して情報を選択し、事例を挙げることを目指して、農家の農作業の過程や自分たちが体験したものの中から、伝えたいことに合わせて紹介する内容を決めているかを評価する。なお、発表原稿を書いたり、発表練習をして相手の反応を見たりする過程で内容を変更してもよいこととする。

4 児童の姿と教師の評価・手立て

○紹介したいことの具体的な例を考えさせた際のCの状況の児童のワークシート

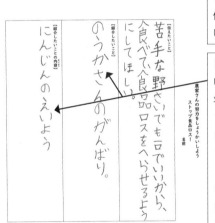

> **Cの状況の児童の姿**
> 伝えたいこと、紹介したいことは決まっているが、それと関連している事例を挙げることを理解していない。

> 【紹介したいこと】と【紹介したいことの内容】に関連性が見られない。そこでCの状況の児童にインタビューをした。（教師：T、Cの状況の児童：C）
> T：農家さんの頑張りを紹介したいのはなぜ？
> C：農家さんはにんじん作り頑張っているから
> T：紹介したいことは、農家さんの頑張りだけど、内容は、にんじんの栄養？
> C：にんじんは栄養あるから
> このことから、児童は、目的に合った事例ではなく、単純に、にんじん農家の学習で知った内容を想起しているだけということが分かる。

・手立て①教師モデルの提示

> 私が伝えたいことは「食べられる量だけ給食をよそおう」ということです。紹介したい内容は、「農家さんの苦労」です。機械での収穫、自動水まき機を説明しようと思います。

児童①：「農家さんの苦労を紹介するから、聞いた人が食べられる分だけよそおうと思うのに、紹介したい内容が機械のことばかりの農家さんの苦労が伝わるのかな」

児童②：「機械のことでもいいけど、紹介の内容で "苦労している" ことがわかるものはどうだろう。"機械を買うのはすごくお金がかかるから" とか！」

児童③：「確かに！紹介したいことを考えたときに、それにした理由を思い出しながら内容を決めるといいんじゃないかな！」

└── 事例を選ぶ視点の明確化

〇手立てを講じたあとのCの状況からBの状況になった児童のワークシート

・手立て②内容を選んだ理由を書かせる

教師と児童たちとのやりとりから、ワークシートの紹介したい内容を選んだ理由を書くように促した。

考えの繋がりの明確化

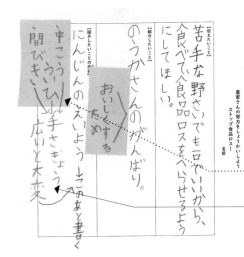

Bの状況になった児童の姿

伝えたいことを確認して、その思いが伝わるように、紹介したいことの事例（内容）を挙げることができている。

手立て①のやりとりを聞いていたC児は、「あ！」と発言し、何かに気付いたような表情を浮かべた。その後、付箋紙を取り出し、【紹介したいことの内容】に「中こう」「ついひ」「間びき」と書き加えていた。
さらに手立て②で理由を書くことを促すと、「手作業」「広いと大変」と書き加えていた。その後、C児は紹介したいことにも付箋紙を貼り「おいしくするため」と、紹介したいことをより具体的にしている姿が見られた。

〇Cの状況だった児童へのインタビュー（教師：T、Cの状況の児童：C）

T：どうして書き加えようと思ったの？
C：みんなの話を聞いていたら、僕は【紹介したいこと】と【紹介したいことの内容】を別々に考えていたと思って。頑張って育てていることを紹介したいんだから、作っている様子の方がいいと思って。
T：【紹介したいこと】も書き加えているのは？
C：内容を書いていたら、農家さんは「おいしくする」ために頑張っているんだったと思ったから。

　このことから、Cの状況だった児童は、教師モデルを基にした内容の検討により、自分の紹介内容を見直し、伝えたいことや紹介したいことと関連させて、紹介内容を選び直していることが分かる。また、紹介したい内容を関連させて考えたことで、目的をより具体的にすることができた。

〇紹介したいことの内容を具体的に考えさせた際のCの状況の児童のワークシート

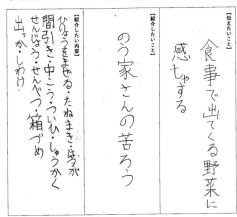

Cの状況の児童の姿

挙げる事例に根拠がなく、紹介したい内容を整理することができていない。

【紹介したい内容】を農作業のほぼ全工程を書き込んでおり、内容を精査できていない。そこでCの状況の児童にインタビューをした。（教師：T、Cの状況の児童：C2）
T　：紹介したい内容をどうやって決めたの？
C2：んー…なんとなく全部載せた方がいいかなって。
T　：農作業の全てを紹介したら伝わるかなって思ったってこと？
C2：…はい。
このことから、調べた内容を全て紹介しようとしていて、目的に合わせた内容の整理をすることができていないことが分かる。

・手立て③「外国のことをしょうかいしよう」（東京書籍3下）を基にした、紹介したい内容を精査

先生は、行ったことのない国も調べてみると魅力があるということを伝えるために、カナダの魅力を紹介したいと思います。カナダのことで紹介したい内容は、伝統料理のこと、国旗のこと、スポーツのこと、広さのこと、使われている言葉のこと、行事やお祭りのこと、あとは…

ちょ、ちょっと先生！それ全部紹介するつもりですか！多すぎです！

そのつもりでした。魅力は多い方がいいですよね。

多すぎると、聞いている人が混乱すると思うので、先生の伝えたいことを考えたら、特に紹介したいと思う内容にしぼった方がいいと思います。

○手立てを講じたあとのCの状況からBの状況になった児童のワークシート

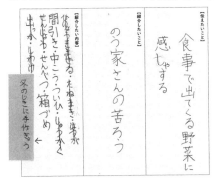

情報の比較・整理の視点

Bの状況になった児童の姿
紹介したい情報を伝えたい内容と照らし合わせて選択することができている。

Bの状況になった児童は、農家のほぼ全行程を紹介しようとしていたが、紹介する情報を取捨選択している。理由として「冬の時期に手作業」と書いていることから、自分の伝えたい内容を支える事例を選んだことが分かる。

○Aの状況の児童のワークシート

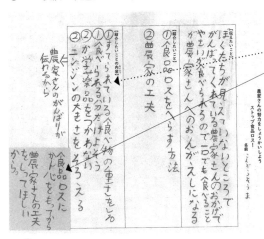

Aの状況の児童の姿
伝えたいことと関連させて事例を選ぶだけでなく、伝えたいことを基に紹介したいことを複数考え、それぞれに関連した事例を挙げている。また、話の流れを意識した事例の選び方を理解している。

Aの状況の児童にインタビューをした（教師：T、Aの状況の児童：A）。

T：なぜ紹介したいことを二つにしたの？
A：食品ロスに状態を知ってから農家の頑張りを伝えた方が伝わると思ったから。
T：紹介したい内容を二つずつにしたのは？
A：それぞれに合わせて考えたんだけど、二つずつ伝えた方が、より「確かに！」ってなるかなと思った。

5　教師の省察（振り返り）

・挙げる例を考える際に、伝えたいことと紹介したい内容を分断して考えてしまっている児童がいた。教師モデルをもとに挙げる例の視点を揃える事で、「事例を挙げること」の意味や重要性に気付く児童の姿が見られた。

・ワークシートで【伝えたいこと】【紹介したいこと】を基に【紹介したいことの内容】を決める際、理由や目的を明確化することで、自分の考えを支える事例として、情報と情報を関連付けることができた。

1 本評価に係る時間の目標

・話の中心が明確になるように、話の構成を考えることができる。

2 中心となる活動

・自分の伝えたいことや紹介したい内容に合った構成を選ぶ。
・話の構成が決まったら、その構成を意識して発表原稿（ワークシート）に書いていく。

3 主な評価

　自分の紹介したい内容に合った構成で発表原稿を書いている様子を観察する。また、児童がどのような理由でその構成にしたのかがわかるように発表原稿に理由を書ける欄を設ける。構成を選んだ理由が、伝えたいことと紹介したいこと、及びその内容に合っているのかを評価する。

4 児童の姿と教師の評価・手立て

・手立て①　児童が自分の伝えたいことや紹介したい内容に合った話の構成を選べるようにモデルを提示する。

モデルの伝えたいこと
行ったことのない国、知らない国も調べてみるとたくさんの魅力があるので、調べてほしい。

モデルA

　カナダには、多くの魅力があります。皆さんは、カナダの有名な食べ物を知っていますか。カナダの有名な食べ物は、プーティンです。プーティンとは…では、なぜプーティンが有名なのでしょうか。それは…
　このようにカナダを調べてみると、私たちがあまり知らない食べ物があります。他にも魅力的な食べ物や場所がたくさんあります。皆さんも行ったことのない国や知らない国を調べてみると、たくさんの魅力を発見できるので、調べてみてください。

問いかけ応答型スピーチ

モデルB

　カナダの魅力を3つ紹介します。
1．国旗
カナダの国旗は、赤と白で表されていて、真ん中に…
2．食べ物
カナダの有名な食べ物は、プーティンです。プーティンとは…
3．人気のスポーツ
カナダの人気のスポーツは、アイスホッケーです。カナダでは…
　このようにカナダのことを調べるとたくさんの発見をすることができました。皆さんも行ったことのない国や知らない国を調べてみると、たくさんの魅力を発見できるので、調べてみてください。

見出し型スピーチ

モデルC

　行ったことない国や知らない国も調べてみるとたくさんの魅力があります。皆さんも是非色々な国を調べてみてください。
　その一つとして、カナダを紹介します。カナダの国旗を見てください。カナダの国旗の真ん中には、サトウカエデという葉っぱのマークがあります。カナダでは、このサトウカエデが…
　調べてみると、行ったことのないカナダのことが詳しくなり、色々な発見をしてとても好きになりました。皆さんがどんな国に興味を持つのか楽しみにしています。

双括型スピーチ

○「見出し型スピーチ」を選んだBの状況の児童の発表原稿のワークシート

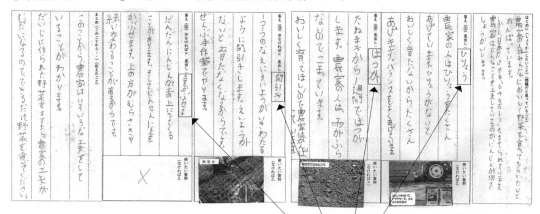

○Bの状況の児童へのインタビュー

（教師：T、Bの状況の児童：B）

T：どうしてモデルBを選んだの？
B：私は、自分の伝えたいことを考えたら、農家さんの野菜作りの作業の説明をしたいと思った。野菜を作る中で特に大変なところを挙げたくて、それならモデルBが説明するのにぴったりだと思ったから。

紹介したい内容は決まったんだけど、どのモデルがいいんだか分からないなあ…

Cの状況の児童

Bの状況の児童の姿
自分の伝えたいことや紹介したい内容に合った話の構成を選ぶことができている。

Cの状況の児童の姿
自分の伝えたいことに合った構成を考えることができない。

・手立て②　スピーチモデルの特徴を共有する

　児童から、「もう一度モデルを聞きたい」という声が挙がったため、スピーチモデルを聞き直した。その際、改めて特徴を考え、各モデルの特徴やそれぞれのモデルがどんなときに使えるのかを確認した。その上で、どのような説明をする人におすすめかを考えさせた。以下児童の発言から、抽出された各モデルの特徴である

モデルA	モデルB	モデルC
・問いかけの言葉がある →農家の仕事を知らない人が同じ気持ちで話を聞くことができる →聞いている人の反応が見やすい ・問いかけの後に答えを出して、その説明や例を挙げている →疑問が解決して、その例を挙げているから納得する ○あまり知られていない農家の仕事を、聞いている人の目線になって説明する人におすすめ	・見出しをつけて説明している →一つ一つまとまりで説明できる ・見出しによって、説明することを変えていて、最後にそれをまとめる話をしている →いくつかの方法や例を出しているので、まとめの話が納得しやすい ○農家さんの仕事や思いをまとまりごとに説明したい人におすすめ	・最初と最後に伝えたいことを話している →大事なことが強調される ・最初に伝えたいことを書いて、その説明を話している →聞いている人が話し手の伝えたいことをわかった状態で説明することができる ○自分の伝えたいことを先に話して、その理由を説明したい人におすすめ

私は、伝えたいことを最初と最後で話した方がより伝わると思うから、モデルCにしよう！

Cの状況の児童

○「双括型スピーチ（モデルC）」を選んだCの状況だった児童の発表原稿のワークシート

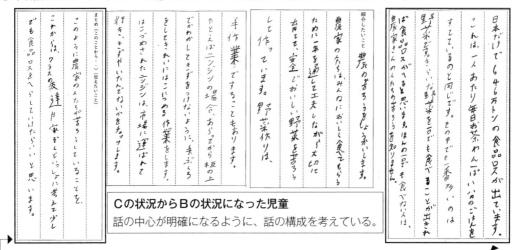

Cの状況からBの状況になった児童
話の中心が明確になるように、話の構成を考えている。

　Cの状況だった児童は、手立て②でそれぞれのモデルの特徴を確認すると、すぐに立ち上がり、「双括型（モデルC）」の発表原稿のワークシートを持ち出した。理由を聞くと、「最初と最後に伝えたいことを話して、間に理由とか例を書いたら自分の伝えたいことわかりやすく伝わると思ったから」と答えた。このことからCの状況だった児童は、スピーチモデルの特徴を知ったことで、自分の伝えたいことを中心に考え、それに合った構成のモデルを選ぶことができたことが分かる。

・手立て③　発表原稿の様式を選択できるようにする（4時間目）

　児童の中には、前時までの学習を経て、書きたい内容が決まったうえで、「今すぐに書ける」というAパターンと、「考えを整理しながら書きたい」というBパターン、「何をどこに書いたらいいのか混乱している」というCパターンの児童がいる。そこで、罫線しかない発表原稿（Aパターン）、各モデルに合わせた簡単な構成が記された発表原稿（Bパターン）、各モデルの特性を細かく記した発表原稿（Cパターン）を用意し、児童に選ばせることにした。

○「見出し型」発表原稿のCパターンワークシート

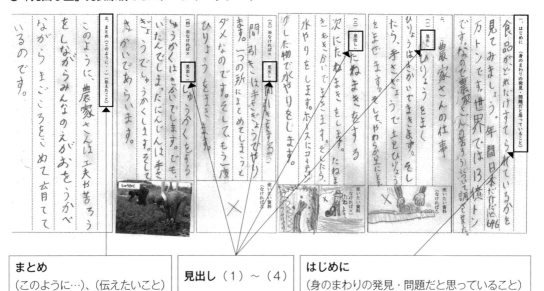

まとめ
（このように…）、（伝えたいこと）

見出し（1）〜（4）

はじめに
（身のまわりの発見・問題だと思っていること）

○「見出し型発表原稿のBパターンワークシート

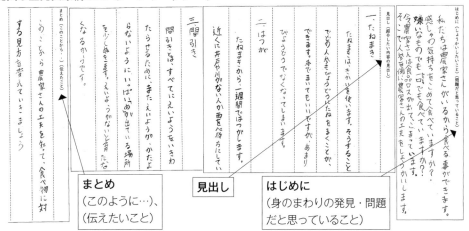

まとめ
（このように…）、
（伝えたいこと）

見出し

はじめに
（身のまわりの発見・問題
だと思っていること）

（ワークシート本文）

はじめに（しょうかいしたいこと）（問題だと思っていること）
私たちは農家さんがいるから食べる事ができます。感しゃの気持ちをこめて食べていますか？嫌いなものを一口でも食べていますか？今農家さんは食品ロスが出てこまっています。そこで人参を例に農家さんの工夫をしょうかいします。

見出し（紹介したい内容の見出し）
一、たねまき
たねまきはきかいを使います。そうすることで、より多くのびょうどうにたねをまくことが、できます。手でまいてもいいですが、あまり

二、はつが
たねまきから、一週間ではつがします。近くに井戸や川がない人が雲を待ちにしてい……

三、間引き
間引くとは、すべてにえいようをいきわたらせるために、またえいようがいらないようにいっぱい出ている場所をしぬきます。えいようがかたよるからです。

まとめ（このことから）（伝えたこと）
このことから農家さんの工夫を知って、食べ物に対する見方を変えていきましょう

　Aパターンの児童にとっては、細かく書く内容を指定された発表原稿だと、自由度が奪われ苦しくなってしまう。一方で、Cパターンの児童にとっては、何も記されていない発表原稿では、何を書いたらよいのか混乱し、手が止まってしまうだろう。自分の学習状況をメタ認知することができ、途中で発表原稿の様式を変更している児童の姿も見られた。

○Aの状況の児童の発表原稿（全三枚）の一枚目

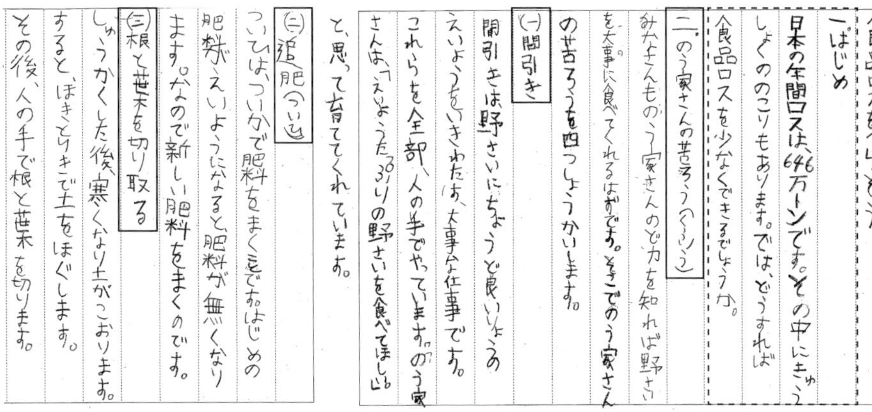

（発表原稿本文）

人食品ロスをへらそう
一はじめ
日本の年間ロスは、646万トンです。その中にきゅうしょくのこりもあります。では、どうすれば人食品ロスを少なくできるでしょうか。

二、のう家さんの苦ろう（くろう）
みなさんものう家さんのどりょくを知れば野さいを大事に食べてくれるはずです。そこでのう家さんの苦ろうを四つしょうかいします。

（一）間引き
間引きは野さいにちょうど良いえいようをいきわたらせるために、大事な仕事です。これらを全部、人の手でやっています。さんは「えいようった3リの野さいを食べてほしい」と、思って育ててくれています。

（二）追肥（ついひ）
っていっぱいつくなで肥料をまくとだいじめの肥料にえいようになると肥料が無くなりますので新しい肥料をまくのです。

（三）根と**を切り取る
しっかくした後、寒くなり土がこおります。すると、ぽきぽきした後、寒くなり土がこおります。その後、人の手で根としまつを切りとります。

　Aの状況の児童は、問いかけ応答型（モデルA）と、見出し型（モデルB）を掛け合わせて発表原稿を作成している。Aの状況の児童にインタビューをした。（教師：T、Aの状況の児童：A）

T：どうして二つのモデルの発表の仕方を使おうと思ったの？
A：モデルAは、聞いている人の気持ちを考えている良さがあるし、モデルBは、まとまりで説明できるよさがあって、私は作業をまとまりごとに説明したかったので、両方の良さを合わせたらいい発表ができると思ったから。
このことから、Aの状況の児童は、各モデルのよさと自分の思いを考えながら発表原稿を作成していることが分かる。

5　教師の省察（振り返り）

・児童が「紹介したいこと決まったけど、どうやって紹介したらいいんだろう」という発言から、スピーチモデルを見せることにした。モデルを見ただけで自分の思いに合った構成を選ぶことができる児童もいたが、スピーチモデルの特性を確認することで、選ぶことができる児童もいた。モデルの特性に合わせた発表原稿の記述欄の自由度を段階的にし、児童が自分の学習状況に合わせて選べるようにした。このことで手が止まる状況はあまり見られなかった。

1　本時の目標

・自分の伝えたいことの中心が、聞き手に伝わっているかを積極的に確かめようとしている。

2　中心となる活動

・自分の伝えたいことの中心が聞き手に伝わる構成や表現なのかを確かめる。

3　主な評価

　交流を通して、発表原稿を見直している児童の姿を基に評価をする。また、発表原稿を書き直す場合には、消させずに赤で書き換えさせたり、付箋紙を貼って書き直させたりするようにし、児童がより聞き手に話の中心が伝わるようにしている記述を基に評価する。

4　児童の姿と教師の評価・手立て

・手立て①「紹介内容が類似していない児童」との交流

　発表原稿を作成したら、紹介内容の類似していない児童同士で交流する時間を設けた。このことにより、どのような内容の話なのかを聞き手は知らないため、聞き手は、内容面に注意して紹介を聞くと考えた。話し手の児童は、聞き手の反応をよく見ておくことを指導し、自分の伝えたいことが伝わっているのかを確かめるように促した。

・手立て②聞き手のアンケート用紙の記入

　聞き手に、話し手の紹介を聞いて、【伝えたいこと】【伝えたいことのために紹介した内容】【心に残った紹介】の３つ視点でアンケートを記入させることにした。話し手の児童は、アンケートをもらい、自分が伝えたかったことや紹介したい内容が聞き手に伝わっているかを確認することで、発表原稿を自己調整すると考えた。

Bの状況の児童		Cの状況の児童
積極的に発表原稿を見直し、聞き手に話の中心が伝わる構成や表現になっているか確かめようとしている。	聞き手のアンケートと自分の思いにどのような差があるかを確かめさせ、差の原因を考えるように促す。	話の中心が伝わる構成になっているのかを見直さず、再考しようする様子が見られない。

Bの状況の児童	○○さんの説明を聞いて（ワークシート例）
友達からのアンケートを読んで、自分の伝えたいことがより伝わるように粘り強く書き直そうとしている。	【○○さんの伝えたいことはこれ？】 【○○さんの紹介内容】 【○○さんの紹介で心に残った紹介はこれ！】 　　　　　　　　　　　　　　□□より

　ここで、Cの状況の児童の様子や、Bの状況の児童の様子を単元冒頭からワークシートと授業中の様子を基に順に振り返ることとした。

<table>
<tr><td>

Bの状況の児童の学びの履歴
・2時間目～3時間目の様子

紹介内容について友達に意見をもらっている児童

Bの状況の児童は、教師モデルを聞いた際、自分の紹介内容は伝えたいことに合っているのか何度も読み返したり、友達に尋ねたりする様子が見られた。ワークシートには、何度か書き直した様子が見られた。

・4時間目～5時間目の様子

アンケートから紹介内容を確かめようとする児童

モデルを決める際、前時のワークシートを取り出し、見比べながら、どの構成にするか考えている様子が見られた。友達のアンケートを見て、心に残ったことが自分の意図と違うことに気が付くと、書きかえようとする姿が見られた。

</td><td>

Cの状況の児童の学びの履歴
・2時間目～3時間目の様子

紹介したい内容を焦点化できていない児童のワークシート

Cの状況の児童は、紹介したいことと紹介したい内容に繋がりはあったが内容の抽象的であることがわかる。教師モデルの提示後も読み返そうとする様子は見られなかった。

・4時間目～5時間目の様子

野菜の生産過程を伝えることを目的として、モデルCで発表原稿を作成した。生産過程の全てを伝えようとしたため、内容が多く、聞き手意識のある原稿ではなかったが、読み返そうとする様子が見られなかった。アンケートに「紹介することがたくさんあったから覚えているのが少ない」と書かれていた。最初は、特に気にする様子はなかったが、友達から、「一番伝えたかったのはどこの部分なの？」と質問されると、発表原稿を読み直す様子が見られた。

</td></tr>
</table>

双方の児童の様子を見ていると、「主体的に学習に取り組む態度」には【目的意識・相手意識】をもたせることが重要であることが分かった。Bの状況の児童は、常に目的や伝える相手を意識して、読み返そうとしたり、伝え方が合っているのか確かめようとしたりする様子が見られた。一方で、Cの状況の児童は、紹介したい内容を決めたり、発表原稿を作成したりすることが目的化してしまい、本来の目的を見失い、相手の存在を意識できていないように見える。そのため、Cの状況の児童には、相手の反応を体感させたり、目的を再認識させたりする場を意図的に仕組んでいく必要がある、相手や目的を実感することで、自分自身を振り返ろうとするのではないだろうか。

5 教師の省察（振り返り）

・紹介の構成を決めたり発表原稿を書いたりするだけで満足するのではなく、聞き手のアンケートを読んだことで、原稿や構成を見直す児童の姿が見られた。

・Cの状況の児童は、アンケートを読むと「あれ！伝えたいことがうまく伝わっていない」と独り言をつぶやき、発表原稿を見直していた。また、「ここを強調するように説明すればいいのかもしれない」と、紹介の構成だけではなく、発表の仕方にも目を向けている様子が見られた。なお、手立てを講じる前から積極的に友達に意見を求めたり、ねばり強く書き直しや読み返しをしたりする児童をAの状況と評価した。

1　本評価に係る時間の目標

・話の中心や話す場面を意識して、言葉の抑揚や強弱、間の取り方などを工夫して話すことができる。

2　中心となる活動

・児童同士で交流をし、よりよい発表方法について考えていく。
・友達の発表を聞いて、伝えたい内容が伝わる発表方法になっているか考える。

3　主な評価

　児童の発表練習を基に評価していく。その際、自分が伝えたいことや紹介したい内容にどのような工夫をしようとしているのかを中心に評価していく。また、友達の交流を通して気付いたことを基に書き加えた発表原稿を基に評価していく。

4　児童の姿と教師の評価・手立て

・手立て①　自分の発表を動画で撮影

　知・技でも述べたが出来上がった発表原稿を基に、タブレットを使って、自分の発表原稿を読む姿を撮影させ、自分の発表をメタ認知し、改善点を見つけるよう促した。

○Cの状況の児童の作品

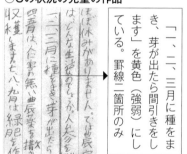

「一、二、三月に種をまき、芽が出たら間引きをします」を黄色（強弱）にしている。罫線二箇所のみ

Cの状況の児童にインタビューをした（教師：T、Cの状況の児童：C）。

> T：どうしてここに黄色（強弱）にしたの？
> C：…（首をかしげている）
> T：話し方の工夫については分かった？
> C：それぞれがすごく大事なのはわかったんだけど、自分の作品の場合、どこに何の工夫をするべきか分からない。

> **Cの状況の児童**
> 伝えたいことを意識した工夫を考えることができていない。

・手立て②　紹介したい内容が類似している児童同士との交流

　発表内容が類似した児童同士で、発表の仕方に着目しながら交流させるようにする。発表内容が類似した児童が交流することで、自分の工夫しようとしているところと比べて、友達がどんなところで工夫しようとしているのかを知ることができると考えた。また、類似した発表内容なので、「より思いを伝えるためにどのようにすればよいか」の視点における話合いが活発になると考えた。

【少しでも給食を食べて食品ロスを減らそう】ってことを伝えたいんだから、「日本の廃棄量が年間646万トンある」ってところは、強調するべきだと思う。

そうだね！そうなると、「みなさんは、どれくらいの食品が捨てられているか知っていますか」という問いかけの文章のあとには、少し間をあけた方がよさそうだね。

それと、農家さんの頑張りを説明する場面は、手作業のところをゆっくり大きな声で話した方が農家さんの頑張りが伝わると思う。

○Bの状況になった児童の発表原稿の一枚目（全四枚）

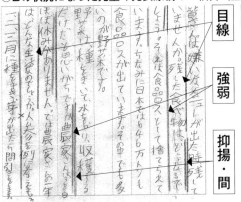

| 目線 |
| 強弱 |
| 抑揚・間 |

> Bの状況になった児童
> 伝えたいことや内容を意識して、言葉の抑揚や強弱、間の取り方などを工夫している。

○Bの状況になった児童へのインタビュー（教師：T、Bの状況の児童：B）

T：どうして黄色（強調）をここに変えたの？

B：○○さんの話聞いたら、「伝えたいこと」とか、「ここが大事」って分かってほしいところを強調したり、ゆっくり話したりしたらいいんだって分かったから。

T：他にも工夫しようと思ったところを変えているね。

B：問いかけの答えになるところは、強調した方がいいのが分かったから、他の場所もどのような工夫ができるかなって考えた。

○Aの状況の児童の作品

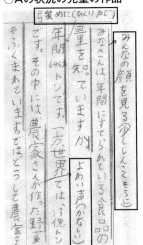

Aの状況の児童にインタビューをした（教師：T、Aの状況の児童：A）。

T：どうしてここに黄色（強弱）にしたの？

A：農家さんの苦労を知ってもらえる場所は黄色にした。

T：なんで罫線だけではなくて、言葉も入れたの？

A：それぞれの工夫の中にも小さい違いはあると思ったから発表するときに、気持ちが伝わりやすいと思った。

> Aの状況の児童は、工夫できる文章に罫線を引くだけでなく、強調や抑揚に細かな段階を設け、書き込んでいることが分かる。自分の伝えたいことや紹介したい内容に合わせて、話し方を工夫し、より相手に伝わるように工夫している。

5　教師の省察（振り返り）

・伝えたい内容の違う児童同士との交流により、内容面の検討が行われ、伝えたい内容が似ている児童同士の交流により、発表の仕方に関する検討が行われた。児童は、「このような話し方はどうかな」と発表を聞き合っている様子が見られた。Cの状況の児童のように、どこを工夫していいか悩んでいた児童も、友達の発表の仕方を見て、発表原稿に工夫の仕方を書き込んでいる様子が見られた。

1　本時の目標

・相手を見て話すとともに、言葉の抑揚や強弱、間の取り方などに注意して話すことができる。

2　中心となる活動

・発表する際に、どのような所に留意したら良いのかの視点を明確にし、発表原稿に書き込む。

3　主な評価

　発表の仕方を書き込んだ発表原稿を基に評価をする。その際、話の内容と自分の伝えたいことを意識して、工夫しようとしているかを評価する。また、教師のモデルに対する発言を基に、話し方の視点を明確にしているかを評価する。

4　児童の姿と教師の評価・手立て

・手立て①　自分の発表を動画で撮影

　出来上がった発表原稿を基に、まずは各自で発表原稿を読むように促した。その際、タブレットを使って、自分の発表を撮影させた。このことにより、自分の発表をメタ認知することができ、改善点を見つけやすいと考えた。

○発表練習をしている児童

Cの状況の児童の姿
原稿をただ読むだけで、伝えたいことを意識した話し方をすることができていない。

Cの状況の児童にインタビューをした（教師：T、Cの状況の児童：C）。
T：どんなことに気を付けて読んだの？
C：噛まないように発表した。
T：自分の発表を見返してどう思った？
C：もうちょっとスムーズに読むことができればいいのかなと思った。

　Cの状況の児童は、発表を【原稿を読むこと】が発表の目的化しており、スムーズに読もうとする意識が強いことが分かる。さらに、「噛まないように」という発言から、聞きやすさは意識できているものの、発表の内容や伝えたいことを意識することはできていない。目線は常に原稿に向けられており、相手を意識することができてない。今回の学習では、発表原稿を書いたことに満足している児童が35名中10名いた。

○間違えないように発表原稿を読む児童

ある児童は、早口で、原稿を棒読みしていた。インタビューをすると、発表の留意点について「間違えないように読む」と答えた。このことからも、数名の児童は、目的を見失い、伝えることではなく、間違えずに読むことが主たる目的になってしまっていることが分かる。

・手立て②　教師モデルを視聴

　クラス全体で、発表する目的を確認した上で、先述したＣの状況の姿に類似した教師の発表動画を視聴させた。このことで、児童は発表の際に注意するべき視点を明確にすると考えた。

ずっと原稿ばかり見て、聞いている人を見ていないから、うまく伝わらないと思う！せめて問いかけの文章の後は相手を見た方がいい！

早口で何を言っているのかよく分からないから、間をあけて読むところがあったらいいと思うよ！問いかけの文章はもっと投げかけるように読んだらいいと思う。

なんか棒読みだね…。伝えたいことは、「食べられる量だけよそう」ことなんだから、そこを強く言ったり、大きな声で言ったりしたらいいと思う。

 目線

 抑揚・間

 強弱

目的を意識したうえでの話し方の視点の明確化

・手立て③　自分の発表を再確認

　視点を明確にした上で、「自分の発表は先生のようになってない？」と発問すると、ところどころから「あ！私の発表も…」という言葉が聞かれ、自分の発表の仕方を工夫しようとする姿が見られた。そこで、発表原稿に書き込むように促し、目線→青、抑揚・間→赤　強弱→黄色で色分けして文章の横に罫線を書き加えることとした。

○話し方を内容に応じて工夫して話している児童

Ｂの状況になった児童
話す内容に応じて、目線、抑揚、強弱などを工夫して話すことができる。

Ｂの状況になった児童は、問いかけた際に目線を上げて話したり、自分の伝えたいことを強調して話したりする姿が見られた。

○Ａ評価の児童

Ａの状況の児童は、目線、抑揚、強弱だけではなく、「身振り手振り」や「明るく」「暗め」などクラスで考えた視点とは別の視点を設けて話していた。Ａの状況の児童に、どうして身振り手振りや明るさまでこだわったのか聞くと、「強弱だけじゃなくて、声の高さとか動きまでが話し方の工夫になると思ったから」と答えていた。

5　教師の省察（振り返り）

・話し方の視点を明確にすることで、どのような工夫をして話をすれば、相手に伝わりやすいかを理解することができた。

・Ｃの状況の児童は、教師モデルの動画と自分が話している動画を見比べ、話し方を工夫しようとする姿が見られた。次第に顔を上げはじめ、抑揚をつけて話したり、強弱をつけて話したりする様子が見られた。

・文化祭当日は、これまでの学習を振り返り、発表している様子が見られた。

役割を意識した中学年の話合い学習とは？

　「中学年の話合いって何を大事にしたらいいの？」。こんな声を耳にすることがあります。低学年との違いの一つは、【役割の明確化】ではないでしょうか。学習指導要領では、「A(1)オ目的や進め方を確認し、司会などの役割を果たしながら話し合い、互いの意見の共通点や相違点に着目して、考えをまとめること。」と書かれています。このことからも司会をはじめとする【役割】が指導事項として挙げられ、話合い活動をより有意義にしていくことをねらいとしています。また、高学年の「A(1)オ互いの立場や意図を明確にしながら計画的に話し合い、考えを広げたりまとめたりすること」に向けて、この【役割】の必要性やそれぞれの立場について理解させることが重要であると考えられています。

　一方で、役割を意識した単元を構成する際、各役割をマニュアル的に指導してはいないでしょうか。例えば司会の指導をするとき、「議題を確認し、話し合う目的を伝える」「参加者に順番に発言を促す」といったように、話合い台本に即して話合い活動を行わせ、児童が役割を果たして、いかにも話合いが成立したかのようになっていたり、児童が役割の意味を理解したようになっていたりしているように感じる場面を見ることがあります。つまり目的が【役割を演じること】になってしまっているのです。そこで、児童がそれぞれの役割の必要性を感じながら、その役割によって話合いが深まるようになる指導と評価の一体化とはどうすればよいかを考えました。

指導と評価の一体化からのこだわりポイント

①話合い活動は「教科横断的」に行ってみよう！

　国語の話し合う学習では、役割の必要性を感じることができず、マニュアル的になりがちです。そこで、各教科等においても話合い活動を積極的に取り入れるようにしました。

○特別活動―クラス会議をしよう―

　本単元では、児童が挙げた議題を基に、話合いを行うことにしました。クラス会議とは、児童が安心して学校生活を送れるよう、児童の学級における問題解決能力を育むために行うものです。そのため会の進行、書記、もちろん参加者（フロア）や最適解の決定も児童によって行うことが重要です。第一回クラス会議では、グループごとに議題の最適解に向けて話し合うよう促しました。すると、"最適解を導き出せたグループ"と"導き出せなかったグループ"で分かれました。そこで後者のグループに話合いの感想を聞くと以下のような発言が聞かれました。

話合いが進まないし、決まらない！

色々な意見が出て、皆の意見を聞けない。

話し合うことの問題意識の明確化

一方で前者のグループに「どうして意見をまとめることができたの？」と質問すると以下のような発言が聞かれました。

○○さんが司会をしてくれて、皆の意見を聞いてくれたんです！

△△さんが、私と□□さんの意見をうまく組み合わせる方法は…とアイディアをくれました。

役割の必要性の自覚化

　このグループの発言により、役割を意識して話合いを進めると議題について解決方法を導き出せることが分かりました。そこで、次の時間には、役割を意識して話合いを進めることにしました。

前期に行ったクラス会議の議題と振り返り

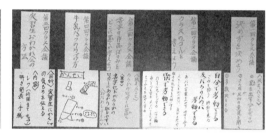

○国語―グループの合言葉を決めよう―（東京書籍３年上）
　特別活動での反省を基に、グループで話し合う活動を行うことにしました。

②モデルとなる児童を話合いの中から見取り、共有する

　特別活動の経験を基に、司会者、書記、フロアの役割をはっきり分けることで、話合いが活発になることを確認し、校外学習に向けてグループの合言葉を決める学習を行いました。各グループに定点カメラを設置し、記録するようにしました。この時点では、司会の進行方法や意見の出し方について特に指導はせずに話し合わせるようにしました。Ａグループでは、司会者が目的を確認した上で、話合いをはじめ、全員の意見を引き出そうする工夫が見られました。また、Ｂグループでは「僕は、今回は３年生で初めての校外学習だから…」と話合いの目的を意識したフロアとしての発言をしている様子が見られました。このように児童が、話合いの目的を意識した発言が見られたり、司会の役割を理解した進行をしている様子が見られたりしたら、そのグループの話し合いの様子を全体で取りあげ、よいところを共有するようにします。

話合いの様子を共有している場面

> このグループの話合いが議題の解決に向けて、どんな工夫をしていると思いますか？

> ○○さんが司会をしていて、みんなに話を聞いたり、質問したりしている！

> △△さんは、ただ自分の意見を言うだけではなくて、「□□さんと同じで…」と話合いの中で意見がまとまりやすくなるようにしている。

　共有により、それぞれの役割について視点を明確にしていました。司会者は、ただ話を進めるだけでなく、必要に応じて問い返したり、意見の違う人に話を聞いたりすることが大事であることに気付いていました。また、フロアの児童も自分の考えを話すだけでなく、友達の意見もしっかり聞いて、その上で話すことで、話合いが活発になると理解しているようでした。

③様々な役割を経験して、振り返りを行う

　司会者だった児童がフロアとして参加したり、フロアだった児童が司会を行ったりすることで、前回取り組んだ役割を俯瞰することができます。「○○さんの司会は、私がやったときよりも問い返しが上手」や「□□さんのような発言や質問すると、話合いが活発になるから私もやってみよう」と、自分が経験

話合いの振り返りシート

今日の役割 感想	司会　さんのように話しをしてくれた人に聞きかえしたら、話し合いがもりあがった。
今日のキラリ 理由	さん 自分の考えを言うだけでなく、人の考えもちゃんと聞いてはつ言してくれたからとても助かった。

したからこそ、感じられるものがあります。児童に振り返りを書かせ、次の時間の冒頭に紹介していきます。そうすることで、他の児童も役割を意識して話し合っていくことができていました。

◎それぞれの教科等で話し合うことの目標を明確に！

　他教科等と関連させ、話合いの役割を明確にした学習について綴ってきましたが、それぞれの教科等の特性を抑え、大きな一つの流れとして考えることが大切です。例えば今回の特別活動は、友達と合意形成を図り、一つの最適解を決めることを狙って話し合いをしています。その話合いが、より活発に行われる方法を知ることをねらいとして、国語を位置

前時の振り返りを行った後の話合い

付けます。すると、役割の必要性や特徴を考えながら自然と取り組むことができると考えます。話合い活動での役割を知るために話合い学習をするのではなく、話合いを充実したものにするために話合いの役割を知るという流れが望ましいと思います。そのためには、他教科等と関連させながら、児童に話し合う必要感をもたせ、役割の存在意義を体感させることが重要であると考えます。

話し合って考えを深めよう

東京書籍6年

 単元の目標

　互いの意見を分類したり、整理したりして計画的に話合い、考えを広げたりまとめたりすることができる。

 単元で取り上げる言語活動　異なる立場の相手と話合い、自分の考えをまとめる。…A(2)ウ

❸ **単元の評価規準**

知識・技能	思考・判断・表現	主体的に学習に取り組む態度
①情報と情報との関係付けの仕方を理解し、使っている。((2)イ)	①「話すこと・聞くこと」において、話し手の目的や自分が聞こうとする意図に応じて、話の内容を捉えている。(A(1)エ) ②「話すこと・聞くこと」において、互いの立場や意図を明確にしながら計画的に話し合い、考えを広げたりまとめたりしている。(A(1)オ)	①粘り強く計画的に話し合い、学習課題に沿って自分の考えをまとめようとしている。

 「指導と評価の一体化」の視点からのポイント

　児童は第5学年において、何を達成するために話し合うのかといった意図を明確にしながら話し合うことを学習している。また、第6学年では、話し手の考えと自分の考えを比べながら聞き、共通点や相違点を見つけることも学習している。そういった学習経験を通して児童は、自分の考えをある程度は客観的に見つめて発言することができるようになってきている。しかし、様々な話合いの場面において、自分の考えに固執し、反対意見を受け入れないような姿も見られる。

　そこで、本単元では、「異なる立場の相手と話し合い、自分の考えをまとめる」という言語活動を設定し、互いの立場を尊重しながら話し合い、互いの考えのよいところを見つけて自分の考えに生かす力を身に付けさせることに重点を置いて指導する。

　そのためには、まず、話合いの目的を全員で共有することを大切にする。話合いで大切なことは何か、それぞれの役割ごとにどのように話合いに参加しているかなどを考えさせることによって、本単元の学習課題や流れについてつかませていきたい。また、異なる立場の相手と話し合うことによって自分の考えが広がったり、深まったりすることを実感できるようにすることも大切である。初めに児童一人一人が、考えを広げ、深めている姿を考えることによって、話合いのイメージをもたせる。また、初めの考えと最後にまとめた考えを比較することによって、それを実感できるようにする。

　以上のような学習を評価するために、本事例では、話合いの記録が重要になる。話し合うための材料（メモやカード）、話し合ったあとの自己評価、相互評価等をきちんと記録に残していくようにする。また、自己評価・相互評価する際には、その視点を示し、それに沿って評価させる。　➡

単元の流れ（全6時間）

時	学　習　活　動	指導上の留意点	評価規準・評価方法等
1・2	○これまでの話合い活動を振り返り、学習課題をつかむ。 ○話合いの話題を考え、意見を出し合う。 ○学習計画を立て、学習の見通しをもつ。 ○話題に対する自分の立場を決め、その立場にした理由と事例を考え、メモをする。 ○メモの中から話合いに必要な事柄を選び、カードに書き出す。	・教科書P.99（話合いで考えが深まっていない例）を参考に、自分たちのこれまでの話合いを考えさせ、うまくいかなかった点を整理する。 ・うまくいかなかった点について、どうすればうまくいくかを考えさせることで話合いの目的へとつなげる。 ・考えを深めている姿を一人ひとりが記述し、第2時以降の学習で意識していけるようにする。 ・第1時の後に話題を提示し、第2時までの間に時間をとって自分の考えや立場を決めるようにする。	・立場を明確にしながら話合い、考えを深めるという学習の見通しをもっている。 ・話題に対する自分の立場やその根拠を捉えている。
3・4・5	○教科書P.101～104（話合いの具体例）を読み、役割や立場によってどのように話し合っているか気付いたことを話し合う。 ○それぞれの役割で留意することを確かめ、話合いの計画を立てる。 ○話合いの進め方に沿って話し合う。 ○話合いを通して考えたことをもとに、改めて話題に対する自分の考えをまとめる。	・役割や話し方・聞き方をしっかりとつかんで話合いに臨めるように丁寧に指導する。 ・自分の考えを話すときには、表にカードを示しながら話すことを確認する。 ・これまでに捉えた話合いの目的や留意点を想起させ、本時のめあてをつくるようにする。 ・話合いの流れを明示し、それに沿って話し合えるようにする。 ・改めて考えをまとめることで、どういったことによって考えを深められたかが振り返れるようにする。	〔思考・判断・表現①〕 **発言・ノート・振り返り** ・異なる立場からの意見を聞き、質問したり、自分の意見に取り入れたりしているかの確認 〔知識・技能①〕 **表・ノート** ・自分の意見を深めるために必要な友達の意見を選び、結び付けているかの確認 〔思考・判断・表現②〕 **発言・ノート・振り返り** ・話合いのイメージや役割を理解しているか、目的に沿って話し合い、自分の意見をまとめているかの確認
6	○話合いを通して身に付けた力を振り返る。 ○異なる立場の相手と話し合うときに大切なことについてまとめる。 ○単元の学習を振り返る。	・第1時に考えたうまくいかなかった点と比較させ、どういった点が変わったかを考えさせるようにする。 ・最初に書いた自分の考えと最後にまとめたものとを比較して考えさせることで、話合いにおける大切なことにつなげていけるようにする。	〔主体的に学習に取り組む態度①〕 **発言・ノート・振り返り** ・粘り強く試行錯誤しながら、話し合ったり、意見をまとめようとしたりしているかの確認

　グループごとに行う話合い活動であるため、教師の観察とともに、上記の記述物、自己評価・相互評価等を組み合わせて評価を行っていくことが大切である。話合いの様子は、映像、音声として記録に残して評価することも必要である。

1　本時の目標

・これまでの話合い活動について振り返ることを通して、話合い活動において身に付けてきた力と課題を考えることができる。

・本単元で話し合う目的を捉えたり、話題を考えたりして、単元の学習への見通しをもつことができる。

2　中心となる活動

・これまでの話合い活動を振り返って、話合いにおける課題を考え、本単元で身に付けたい力を確認する。

・話合いの話題を考え、学習計画を立てる。

3　見取りの視点

　この時間は、単元の導入として、これまでの話合い活動において身に付けた力や問題点、原因を振り返ることで、話合い活動における課題をつかめるようにする。その上で、異なる立場からの考えを聞き、そのよさを捉え、自分の考えに生かしていくことや自分の考えを広げ、深めていくことが本単元の話合いの目的であることに気付けるようにしたい。

　そのためには、自分の考えが広がり、深まっているとはどういう姿かをイメージする必要がある。また、話合いにおける話題の選定も大切である。そこで、この二点については、教科書の話合いの例を読んだり、教師がモデルを示したりする活動をはじめに取り入れることでイメージできるようにし、児童一人一人がそれぞれ考えて自分のノートに記述するようにしたい。それによって、児童の学習状況を見取っていくこととする。

　なお、本単元では、教科書にある「身の回りの言葉に関する話題」という視点から、それぞれが話し合いたい具体的な話題を考え、その中から共通した話題を選定していくこととした。

○教科書の話合いの例

例1

Ａ：観光案内では、共通語より方言を使った方がよいと思います。その地域ならではの言葉で、その土地らしさを感じられるからです。

Ｂ：わたしは反対です。方言は、ほかの地域の人に通じないことがあるから使わない方がよいと思います。

Ａ：共通語だとよそよそしい感じがするし、どの地域でも同じで、つまらないと思います。方言の方がよいと思います。

Ｂ：でも、内容が伝わらなかったら、観光案内の意味がありません。……

例2

Ａ：観光案内では、共通語より方言を使った方がよいと思います。その地域ならではの言葉で、その土地らしさを感じられるからです。

Ｂ：わたしは共通語のほうがよいと思います。どの地域の人にも通じるからです。

Ａ：共通語だと、どの地域でも同じで、旅行に来た人はつまらないと思います。

Ｂ：共通語のほうがよいと思いましたが、川上さんがそう言うのなら、方言のほうがよいと思います。……

4　児童の姿と教師の評価・手立て

○考えを広げ、深めている姿と話題についての児童のノートへの記述例

○○	○○	○○
【話合いで自分の考えを広げ、深めている姿】 ・違う考えを取り入れている。	【話合いで自分の考えを広げ、深めている姿】 ・相手の考えから学んでいる。	【話合いで自分の考えを広げ、深めている姿】 ・いいなと思った意見を入れて自分の考えを作っている。
【話し合いたい話題】 ・方言と共通語	【話し合いたい話題】 ・外国語と日本語	【話し合いたい話題】 ・難しい言葉と易しい言葉

○○	○○	○○
【話合いで自分の考えを広げ、深めている姿】 ・自分の考えと友達の考えを比べて何が違うのか考えている。	【話合いで自分の考えを広げ、深めている姿】 ・自分の考えの変化に気付いている。	【話合いで自分の考えを広げ、深めている姿】 ・相手の意見との共通点や違いを見付けている。
【話し合いたい話題】 ・書き言葉と話し言葉	【話し合いたい話題】 ・１年生への学校案内の仕方	【話し合いたい話題】 ・外国からの観光客への対応

→ここで書いた姿を振り返りの視点にするなど常に意識させることで、話合いの目的を
　理解させていきたい。

5　教師の省察（振り返り）

○話合いを通して考えを深めている姿について

　具体的な場面（教科書の例）を参考にして、話合いにおける問題点を考えたことで、異なる意見に対してただ反対しているだけであったり、すぐに意見を変えてしまったりすることでは考えは深まらないことを共通理解できた。それを、考えを広げ、深めている姿のイメージにつなげている児童が多く見られた。なかなかイメージを描けない児童には、その異なる意見をどうすればよいのか、問題点となった話し方をどう変えればよいのかという視点で考えさせたことでイメージできていた。

○話題の選定について

　「言葉に関する話題」という視点で話し合いたい話題を考えさせたが、話題となる場面や異なる２つの立場を具体的に考えることは、なかなか難しかった。そのため、話し合ってみたい場面や事柄についてという視点で「キーワード」を出してもらうことにした。（上記４の記述例参照）その児童から出された話題に関するキーワードの中から、考えてみたいと思った話題、それに対する２つの立場について全体で話し合った。その結果、「１年生に学校案内用の地図を作るときには、実際の名前を使う方がよいか、分かりやすい言葉に言い直す方がよいか」という話題を選定した。

○次時までの準備

　選定した話題について、児童が立場を決めたり、自分の根拠となる事柄を考えたりできるようにするために、第１時と第２時の間に時間をとるようにする。（次頁２時間目の３「本時の見取りの視点」参照）また、本時で考えた「話合いで考えを広げ、深めている姿」をまとめて掲示し、話合いの中で常に意識できるようにする。これは、話合いにおける自己評価の指標となる。

1　本時の目標

・話題に対する自分の立場、その根拠となる事柄を挙げ、それらを整理したり、話合いの仕方を確認したりして、話合いの準備ができる。

2　中心となる活動

・話題について自分の立場を明確にし、その根拠となる事柄を整理し、カードにまとめる。

3　見取りの視点

　この時間は、話題「１年生に学校案内用の地図を作るときには、実際の名前を使う方がよいか、分かりやすい言葉に言い直す方がよいか」についてそれぞれが考えたことを基に、自分の立場を明確にし、その根拠となる事柄を選んでカードにまとめ、話合いの準備ができるようにしたい。

　そのためには、第１時と第２時の間に時間的な余裕をもたせ、家庭学習などを通して児童が考えをもったり、調べたりできるようにする。つまり、本時を始めるにあたって、教師は、児童がそのような準備ができているかを把握しておく必要がある。なかなか自分の考えをもてないでいるような児童には、個別に相談に乗り、全員が何らかの考えをもった上で本時を始めるようにしたい。

　また、本時では、それらの考えを整理し、立場と根拠（理由）とが結び付いているかを評価する。異なる立場の人が納得するような考えになっているかといった観点から自分で見直しながら作成できるようにしたい。ここでも大切になるのは、児童一人一人が自分の立場とその根拠をきちんともてているかということである。常に話合いに臨めるようになっているかを評価し、指導に生かしていきたい。

4　児童の姿と教師の評価・手立て

○児童のメモ（メモの話題と立場の欄は、教師が記入済。理由欄を児童がメモした。）とそこから書き出したカードの例

メモ(立場：実際の名前)

理由	立場	話題
・本当の名前を早く覚えた方がいい。 ・小学校に入ったという感じがする。 ・自分も小学校に入ったとき、どんな部屋なんだろうとどきどきしたことがある。	・分かりやすい言葉 ・（実際の名前）	一年生に学校案内用地図を作るときには、実際の名前を使う方がよいか、分かりやすい言葉に言い直す方がよいか

児童の書き出したカード(話合いで活用)

・本当の名前を早く覚えた方が、これからの生活に役立つ。

・幼稚園や保育園にはなかった名前がたくさんあって、小学校に入ったという感じがする。

このメモの中から必要なものを選んで、カードに書き出す。

メモ(立場：実際の名前)　　　　　児童の書き出したカード(話合いで活用)

話題	立場	理由
一年生に学校案内地図を作るときには、実際の名前を使う方がよいか、分かりやすい言葉に言い直す方がよいか	実際の名前 分かりやすい言葉	・難しい言葉の教室がある。 ・職員室→先生のいる部屋 ・保健室→けがをしたときに行く部屋 ・本当の名前は、だんだん覚えていけばよい。

立場に合った理由になっているか評価し、指導に生かす。

児童の書き出したカード：
・難しい言葉の教室もあって何をする部屋なのか分からない。職員室→先生のいる部屋等とすると分かる。
・本当の名前は、だんだん覚えていけばよい。名前よりも何をする部屋かが大切。

○次時につなげるために、メモやカードを作成する際に指導すること

・なるべくたくさんメモに書き出すこと。

・自分の経験も取り入れること。

・説得力のある理由になっているものはどれか考えること。

・自分の経験と立場や理由が正しく結び付いているか考えること。

　このメモを作成後、話合いにおいてより説得力があると考えた根拠を選び、カードに書き出す。そのカードは、話合いにおいてまとめるときに必要であったり、相手にとって参考となるものであったりすることを確認する。このメモとカードを評価し、話合いにつなげていけるようにする。

5　教師の省察（振り返り）

○メモづくりについて

　第1時と第2時の間に余裕をもたせて考える時間を取り、必要に応じて指導してきたことで、児童は、自分の立場をしっかりと決めて、ある程度の理由ももった上で本時に臨めた。そのため、説得力のある根拠をもとに自分の立場を説明しようと工夫する姿が見られた。戸惑っている児童には、自分が1年生だったらどうかと考えてみることで、その根拠を具体的に考えられるようにした。

○話合いの準備について

　本時では、教科書P.101～104（話合いの具体例）を読み、話合いの形式、役割も確認した。確認したことは、①司会が必要なこと②5人グループで行うこと③司会をする場合も、両方の立場の意見を聞くことによって、自分の考えを深めていくことである。本時で話合いのイメージを共有することは、これ以降の時間にとって非常に有効であった。

1 本時の目標

・話合いの目的や進め方、それぞれの役割を理解し、話合いの計画を立てることができる。

2 中心となる活動

・教科書の話合いの例示を読んで考えたことを基に、話合いの計画を立てる。

3 見取りの視点

　指導要領解説には、指導事項A(1)オについて、「計画的に話し合うとは、話合いを始める前に、話合いの内容、順序、時間配分等を事前に検討することに加えて、意見を一つにまとめるために話し合うのか、互いの考えを広げるために話し合うのかといった話合いの目的や方向性を検討することも含んでいる。」とある。本時は、まさに、その事前検討の時間にあたる。教科書で例示されている話合いの様子を読み、司会者・参加者それぞれの役割、話し方や聞き方、質問の仕方等について気付いたこと（ポイント）を共有し、話合いの計画を立てているかを見取るようにする。それらを総合的に捉えることで、第2時までに考えた「何のために話し合うのか」という話合いの目的もより明確にできるようにしたい。具体的には、教科書の話合いの様子を読み、ノートに記述したことやその記述したことを基にグループや全体で共有している場面から見取るようにする。

4 児童の姿と教師の評価・手立て

・相手の考えを受け止めている様子を捉えている記述例。
「単純に相手の意見に反対だということを言っているだけではない。」 「質問し合う場面では、相手の意見のよさを認めてから質問している。」

・話合いの流れやそれぞれの段階において大切なことを捉えている記述例。
「話合いの最初では、自分の立場をはっきりさせている。その後に理由や自分の体験などを伝えている。」 「表を使ってよいところや困るところをまとめていくと、漏れがなく意見を整理できる。」

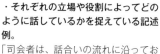

・それぞれの立場や役割によってどのように話しているかを捉えている記述例。
「司会者は、話合いの流れに沿ってお互いの意見を確かめながら進めている。」 「参加者は、いつもお互いの意見を大切にしながら意見を述べている。」

5 教師の省察（振り返り）

・本時は、第1、第2時で考えた単元の学習の目的をより明確にするとともに、次時の話合いをより充実したものにするために重要な時間という思いをもって指導をした。また、教師の評価、児童の自己評価・相互評価双方にとって、その視点を与えるような時間になるとも考えた。加えて、「この時間で捉えたことを視点として評価していく」ことを伝え、児童と評価の方針を共有した。話合いの計画とは、前述したような目的や方向性を共有することも含み、むしろこれが大切だと改めて感じた。

・児童の発言や記述例を基に、話し合う際に使いたい言葉として「異なる立場の考えを生かして意見を述べる言葉集」を作成した。

○～という考えを聞いて、…　○～という考えに納得しました。さらに… ○確かに～かもしれません。しかし、…　○～という考えはなるほどと思いました。ただ… ○～というよさがあることがわかりました。しかし、…

　話合いの進め方やどのように話してよいか分からず戸惑っている児童に、教科書の例の中からこれらの言葉を使っている部分を探すよう指示したことによって、相手の意見を受け止めるという意味をつかむことができた。

記録に残す評価の時間 **思考力・判断力・表現力の評価①A(1)エ**

1 本時の目標

・話し手の目的や自分が聞こうとする意図に応じて、話の内容を捉えることができる。

2 中心となる活動

・異なる立場からの意見について相手がそう考える理由や事例などを詳しく聞き、質問したり、自分の考えを述べたりする。

3 主な評価

　話合いにおいては、異なる意見を聞き、不明な点やもっと知りたいことについて質問できているか等の様子を観察する。話合いが同時に行われている中で、一斉に児童全員を評価することは難しい。そのため、ICT機器を活用し、録音・録画することも有効な手立てである。また、話合いの後の自己評価や児童が自分の考えをまとめたものと合わせて評価する。自己評価では、自己評価カードを作り、「相手の意見を聞いてどのように話したいか」という視点で評価させる。また、話合いの中で気付いた友達のよさを伝えるようにするなど、相互評価も取り入れていく。このように、評価材料を組み合わせ、多面的に評価したい。

4 児童の姿と教師の評価・手立て

○話合いの場面においての評価

Bの状況の児童の姿
・相手の立場の意見のよさを認めたうえで、詳しく聞いてみたいことを質問している。
「実際の名前を使うと、小学校に入った感じがするというのはなるほどと思いましたが、○○さんは具体的にそういったことを感じたことがあったのでしょうか。」

Bの状況の児童の姿
・相手の意見を受け止めたうえで、自分の考えたことを述べている。
「確かに、分かりやすい言葉を使うと何をする部屋かが分かりますね。ただ、やっぱり実際の名前じゃないと困るときもあるんじゃないかと思いました。」

出されたカードをもう一度よく読み、疑問に思ったことや詳しく聞いてみたいことはないか考えるよう助言した。

Cの状況の児童の姿
相手の立場の考えを理解できず、質問や意見をすることが出来ない。

5 教師の省察（振り返り）

・本時では、相手の考えを受け止めて質問したり、自分の意見を述べたりという姿がたくさん見られた。前時までに話合いの目的や役割を明確にしたり、異なる立場の考えを生かして意見を述べる言葉集をまとめたりしたことで、異なる立場の意見を尊重しようという全体の意識が高まった。

・本時の評価の妥当性を高めるために、第5時の児童のまとめも参考にした。

○評価の妥当性を高めるために参考とした児童の記述例（第5時に書いたもの）

Bの状況の具体的な記述例【異なる立場の意見の事例（　　　部）を取り入れて、自分の考えをまとめている】
・実際の名前は「早く学校に慣れることが出来る」という意見を聞いて、自分の考えの「教室の名前を覚えられなくて大変になる」という困ることを解決してくれる意見だから、難しい名前の教室を案内するときには、両方伝えることが大切だと思いました。 ・分かりやすい言葉に直す場合の「何に使う部屋か分かる」という意見と実際の名前を使う場合の「教室の名前を早く覚えられる」という意見を両方組み合わせて説明すれば、1年生により分かりやすく伝わると思いました。

知識・技能の評価(2)イ

1 本評価に係る時間の目標

・情報と情報との関係付けの仕方を理解し、使うことができる。

2 中心となる活動

・話合いを通してそれぞれの立場から出た意見を、分類したり整理したりして自分の考えに生かす。

3 主な評価

　本時の評価場面は、それぞれの立場について話し合って表に整理し、出された意見を関連付けて自分の考えをまとめる場面である。自分の考えをより深めるために、どの意見が必要か判断して選び、それらの意見を結び付けてまとめているかについて、作成した表やそれぞれの児童がまとめた「自分の考え」から評価する。なお、知識・技能の評価は、思考力・判断力・表現力と関連付けて評価することが大切である。

4 児童の姿と教師の評価・手立て

Bの児童の姿
自分の立場に取り入れることで、自分の意見に深まりが出ると思える考えを選択し、自分の考えと結び付けている。

← 自分の考えの困るところを解決してくれる相手の意見はないかという観点で捉えなおすよう指導した。

Cの児童の姿
話合いで出た意見を取り入れていない。または、一方のみの意見を取り入れ、自分の考えをそちらに変えてしまっている。

Bの具体例（相手の長所と自分の長所を組み合わせている）
分かりやすい言葉に直す場合の「何に使う部屋か分かる」という意見と実際の名前を使う場合の「教室の名前を早く覚えられる」という意見を両方組み合わせて説明すれば、1年生により分かりやすく伝わると思いました。

Bの具体例（自分の短所を補ってくれる相手の意見を選び、まとめている）
実際の名前は「早く学校に慣れることができる」という意見を聞いて、自分の考えの「教室の名前を覚えられなくて大変になる」という困ることを解決してくれる意見だから、難しい名前の教室を案内するときには、両方伝えることが大切だと思いました。

5 教師の省察（振り返り）

○Aの状況の児童の姿と児童が複数の考えを結び付けている例

以下のような児童をAの状況と評価とした。
・自分の考えにはなかった考えを組み合わせ、新しい意見を生み出している。
・表を様々な角度から見て、複数の考えを組み合わせている。（右の表）
・相手の考えのよいところは自分の考えのよいところとしても成り立つのではないかと考え、組み合わせている。

分かりやすい言葉			実際の名前			
・何をする部屋か分かるので、自分が必要なところに行くことが出来る。	・職員室を先生のいる部屋とすると、困ったときにそこに行けばよいと分かる。		・小学校に入ったという感じがする。	・実際に生活していく上で役に立つ。	・教室の名前を早く覚えられる。	よいところ
・誰かに実際の名前で言われたときにどこのことか分からない。	・実際の名前を覚えられない。		・教室の名前が分からない。	・教室の名前を覚えられても、何をする教室か分からない。	・難しい名前の教室だと覚えられない。	こまるところ

○Cの状況の児童への指導の実際

　自分の考えの困るところを解決してくれる考えを、相手の意見のよいところから選ぶようにさせたことで、取り入れたい相手の考えを見つけることができた。その相手の考えが明確になっても、自分の意見と結び付けてまとめられない児童には、教科書のP．104の山下さんの吹き出しを参考にするよう助言したり、「〜（とりれたい相手の考え）という意見を聞いて、〜のときには、〜する方がよい」という文型を例示したりした。

<table>
<tr><td>**4・5**
時間目</td><td>記録に残す評価の時間</td><td>思考力・判断力・表現力の評価②A(1)オ</td></tr>
</table>

1 本評価に係る時間の目標

・互いの立場や意図を明確にしながら計画的に話合い、考えを広げたりまとめたりすることができる。

2 中心となる活動

・立場を明確にしながら話合い、異なる立場からの考えを生かして、自分の考えをまとめる。

3 主な評価

　本時は、計画に沿って話し合い、自分の考えをまとめることを評価する場面である。実際の話合いの様子をよく観察したうえで、話合いを基にして自分の考えをまとめて記述したノート等から評価する。「思考力・判断力・表現力①」の評価と同様、ICT機器を活用し、録音・録画することも有効な手立てである。また、振り返りの際には、「自分の立場と理由を伝えるときにどのようなことに気を付けたか」「どのように自分の意見をまとめたか」という視点を入れ自己評価させる。また、話合いの中で気付いた友達の話合いの仕方のよさも書かせるようにする（相互評価）。このように、評価材料を組み合わせたうえで記録に残す。さらに、「考えを広げたりまとめたりする」という部分については、最初の考えと比較して評価すること、「思考力・判断力・表現力①」や「知識・技能」の評価と関連させて評価することを意識した。

4 児童の姿と教師の評価・手立て

○話合いの場面（第4時）における評価（本評価項目の指導に生かす評価）

・それぞれの立場の意見を聞き合う場面で、自分の立場を明確にして話せるようになった例

自分の立場→理由→事例の順に話している児童の姿
わたしは、分かりやすい言葉で表した方がよいという立場です。何をするための部屋か分かって、1年生が使いやすいからです。ぼくが、1年生のころ……

自分の立場→理由①→理由②の順に話している児童の姿
ぼくは、実際の言葉で表した方がよいと考えます。理由は2つあります。1つめは、幼稚園などでは使わなかった言葉を使うことで、小学校に入った気持ちになれるからです。2つめは……

← まず、自分の考えを述べ、そのあとに理由や事例という順で話すことを再確認した。

Cの状況の児童の姿
自分がどういう立場かはっきりさせて話すことができていない。

・それぞれの立場について整理する場面で、自分の立場を明確にして話せるようになった例

出された意見から自分が一番納得したものを選んで伝えている児童の姿
ぼくは、分かりやすい言葉で表すことの一番のよさは、1年生が何をするための部屋か分かるということだと考えました。こうすれば、学校ではどんなことをするのかも分かると思います。

← 出された意見のカードを整理して提示し、一番良いと思ったものとその理由を考えるよう助言した。

Cの状況の児童の姿
出された意見のよさや困った点を見付けて話すことができていない。

  第4時の実際の話合いでは、上記のような児童の様子をよく観察し、適宜、指導・助言した。これらの姿を踏まえて、第5時の記述内容によって記録に残す評価を行った。

○記述（第5時）したものからの評価

B具体的な記述例【　　　部は、最初の考えと比較し、自分の考えを広げ、まとめている部分】

・わたしは、分かりやすい言葉を使うという立場です。しかし、実際の名前を使うと「教室の名前を早く覚えられて、その分早く学校に慣れることが出来る」という意見を聞いて、自分の考えの「教室の名前を覚えられなくて大変になる」という困ることを解決してくれる意見だから、難しい名前の教室を案内するときには、両方伝えることが大切だと思いました。

・分かりやすい言葉に直す場合の「何に使う部屋か分かる」という意見と実際の名前を使う場合の「教室の名前を早く覚えられる」という意見を両方組み合わせて説明すれば、1年生により分かりやすく伝わると思いました。

○相互評価の手立てと実際

　相互評価するに当たっては、次のようなことを共通理解した。

・自分が評価する相手を決める。（異なる立場の相手の様子を評価させた。司会者は、複数も可）

・話合いのどの段階における、どんな発言がよかったかという視点で振り返る。

・相手の話合いのよさを見つけて評価する。

相互評価例	相互評価例
○○さんは、質問し合う場面で、相手の意見のよさをきちんと伝えてから質問していた。	○○さんは、それぞれの意見を整理するところで、出てきた意見を結び付けて自分の意見を言っていた。

5　教師の省察（振り返り）

・評価の妥当性を高めるうえで、様々な評価材料を組み合わせることの大切さを改めて実感した。特に、相互評価を行うことによって、教師が見取れていなかった児童のよさを見付けることにつながることに改めて気付いた。

・複数の考えを結び付けて、それらの共通点などから自分の考えをまとめているとき、Aの状況と評価とした。

　Aの状況の児童の具体的な記述例（　　　　　　　が複数の考えを結び付けている点）
　両方の意見の良いところを考えると、どちらの言葉を使ったとしても、実際の生活で役に立つかという点が大事だと思った。また、難しい教室の名前は覚えづらいという共通点もあった。そういったことから、実際の名前でどんな教室か分かるところはそのままでよくて、実際の名前では分かりづらい教室は、分かりやすい言葉も入れることが大切だと思った。

・Cの状況の児童には、「知識・技能」における手立てと同様、話合いでまとめた表の中から、「自分が納得できる」、「自分の困るところを解決してくれる」と思う意見を選ぶようにさせた。それをもとに自分の考えをまとめることができた。

6
時間目

記録に残す評価の時間　**主体的に学習に取り組む態度**

1　本時の目標

・粘り強く計画的に話し合い、学習課題に沿って、自分の考えをまとめようとしている。

2　中心となる活動

・話合いの計画を立てて、立場を明確にしながら話し合ったり、話し合ったことを基にして、自分の考えをまとめたりする。

3　主な評価

　主体的に学習に取り組む態度については、第6時（話合いの大切なことをまとめる場面）において記録に残す評価を行う。それまでの学習を生かして、話合いにおける大切な点をまとめようとしているかを見取って、記録に残すようにする。

　そのために、第3～5時では、指導に生かす評価を行う。第3時（話合いの計画を立てる）では、どのように話し合うとよいか考えようとしているか、第4時（実際の話合い）では、第1～3時で学習したことを生かして、話し合おうとしているか、第5時（自分の考えをまとめる）では、話し合ったことをもとに、友達の考えを取り入れたり、助言を聞いたりして自分の考えをまとめようとしているかという視点で児童の様子を見取っていくようにする。

4　児童の姿と教師の評価・手立て

○児童1の第3～6時の学習状況と評価

（※以下の表は◎については特筆すべき様子としてメモしていた。○については児童の記述）

		児童の行動の様子（◎）や振り返りの記述（○）	教師が捉えた児童の状況
指導に生かす評価の時間	3	○まず、自分の立場をはっきりさせて、理由をその後に述べることが大切だということに気付くことができた。△△君が言っていた、「異なる立場の意見のよさを言ってから質問する」というのは、なるほどと思ったので、次回の話合いでは、できるようにしたい。	・自分の学習状況を把握し、次時の話合いで頑張りたいことを捉えている。
	4	◎話合いにおいて、相手の意見をしっかりメモをし、その中からよいところを探していた。質問する場面では、「～というところがとてもいいと思いました。」と述べてから質問していた。 ○相手の意見のよいところを伝えてから質問することができた。たくさんの意見が出ていて、全部を理解することができなかったので、もう一度カードを見直して、自分の意見に取り入れられそうなものを考えてまとめていきたい。	・前時に捉えたよさを生かして、話合いに参加しようとしている。 ・自分の学習状況を把握し、どのように自分の考えをまとめていくかを捉えている。
	5	◎前時の話合いで出されたカードをもう一度読み返し、自分の考えの困った点を解決してくれる考えを見つけようとしていた。	・前時に捉えた自分のできていないことを踏まえ、カードをよく読み直して学習課題に合ったまとめにしようとする姿が見られた。

記録に残す評価の時間	6時	◎自分の最初の意見と、最後の意見とを比べ、その違いを見付けようとしたり、その違いから、自分の身に付けた力を捉えようとしたりしていた。 ◎単元の学習を踏まえて、話合いにおける大切な点をまとめようとしていた。	・6時での左記のような姿から、友達の意見や助言を踏まえて、自分の考えを粘り強く試行錯誤しながらまとめようとしている様子が見られたと判断し、「おおむね満足できる」状況（B）とした。

5 教師の省察（振り返り）

・主体的に学習に取り組む態度については、各時間における評価（横に見る考え方）と児童の変容（伸び代・縦に見る考え方）を組み合わせて評価していくことが大切ではないかと考えた。

・話合いを始める前（第1～3時）において、どういう話合いがよいか、本単元の話合いの目的や役割を理解したり、考えを深めている姿を一人ひとりがイメージしたりしたことが、児童の学びのつながりを生み、悩んだ時やうまくいかないときの指標や振り返りの視点になった。自己調整学習においては、この「学習に対する見通し」「学習活動の下準備」といったものが非常に大切だと考えた。

・振り返りをさせる際には、第1時で考えた「考えを深めている姿」に近付けているか、第3時で共有した「話合いのポイントを達成できているか（学んだことを生かして学習できたか）」という視点を踏まえて、自分のその時間を終えての学習状況を記述させた。このように、ある程度客観的な立場から自分の学習状況を捉えていくこと（メタ認知）を繰り返すことが、自らの学習の調整を図る力を養うことにつながるのだろうと感じた。

・中学校第1学年の話合いにおける指導事項は、「話題や展開を捉えながら話し合い、互いの発言を結び付けて考えをまとめること。」である。指導要領解説には、「何についてどのような目的で話し合っているかといった、目指している到達点を常に意識することや話合いの展開に応じて、自分の発言と他者の発言とを結び付けたり、他者同士の発言を結び付けたりして、自分の考えや集団としての考えをまとめることが大切である」とも記述されている。本単元の話合いはまさにその土台となるものである。さらに、6年間で最後の話合い活動の単元であることを踏まえれば、ここで、「互いの考えを結び付けて、建設的に話し合い、考えをまとめること」（同解説より）のよさに触れることができたことは、中学校に向けて大きな財産となったはずである。こういった、「互いを認め合う」話合い活動は、学級の良い風土を作る上で非常に大切なものである。そういった学級の風土は対話的な学びを生み出すための基となるものであることも意識して指導に当たっていくことを忘れないようにしたいと改めて考えた。

参考資料1：第6時　話合いで大切なこと　児童の記述

○○	○○	○○
話すときには、立場を明確にして話すことが大切だと思った。なぜなら、立場を明確にしないと、自分の考えが相手に正しく伝わらないからだ。	学習を始める前の自分は、自分の考えを伝えることで精一杯だった。でも、この学習を通して、人の意見のよいところを考えてみることで、自分の意見がよりよくなることが分かった。これからも人の意見をきちんと聞くようにしていきたい。	司会をするときには、途中で意見を整理しながら進めることが大切だと分かった。「何とか進めよう」としないで、2つの立場の意見を聞くことを面白いと思いながら司会をしたら、上手に進めることができた。
○○	○○	○○
これまでは、反対の意見があるとそれは違うと思って、また反対の意見を言うことが多かった。でも、今回は、反対の意見でも納得できるところはないかと思って聞いたら、反対の意見でも面白いんだなと思えてしっかりと聞くことができた。	反論するときには、相手の意見のよいところや納得できるところを探して、それを伝えてからするとよいことが分かった。どんな話合いでも、それを生かしていきたいと思った。	自分の考えを深めるためには、人の意見を大事にすることが必要だと分かった。今までもそうしてきたけれど、今回の授業でそれがよく分かった。出た意見を表などに整理してまとめることで人の意見のよさがはっきりしたので、続けていきたい。

参考資料2：「異なる立場の相手と話し合い、自分の考えをまとめる話し合い単元」において想定される主体的に学習に取り組む態度に関わる学びの姿

	他の児童によい影響を与える状況	おおむね満足できる状況	手立て ←	個別指導が必要な状況
話合いの計画を立てる時間	・見つけたポイントと前時までに確認した、話合いの目的とを結び付けて話合いの計画を立てようとしている。	・話合いのそれぞれの段階におけるポイントを粘り強く見つけようとしている。 ・それぞれの役割のポイントを粘り強く見つけようとしている。	・司会者、参加者がどんな言葉を使っているかよく読むよう助言する。	・話合いのそれぞれの役割、話し方や聞き方のポイントを考えようとしていない。
実際の話合いの時間	・複数の意見を結び付けて考えをまとめようとしている。 ・自分の考えだけでなく、異なる立場の友達へも助言をしようとしている。	・それまでの学習で考えたことをもとに、目的に沿って話合いに参加しようとしている。 ・相手の意見のよいところを探そうとしている。	・話合いの目的や流れ、前時に見つけたポイントを明示し、再確認する。	・話合いに参加しようとしていない。 ・自分の主張のみを話そうとしている。（前時までに考えた話合いの目的、既習事項を生かしていない）
自分の考えをまとめる時間	・もっといい意見はないかと複数の意見を結び付けて自分の考えに取り入れようとしている。 ・相談タイムにおいて、友達に自分の学習の仕方（どのように意見を取り入れたか等）の助言をしようとしている。	・どの友達の意見を取り入れてまとめるか考えようとしている。 ・話合いでまとめた表や出されたカードをもう一度見直そうとしている。 ・相談タイムで、友達からの助言を求めようとしている。	・まとめている途中で困っている点などについてアドバイスし合う相談タイムを設ける。	・最終的な自分の意見をまとめようとしていない。 ・学習したことを生かしてまとめようとしていない。

授業における
「指導と評価の一体化」

領域

書くこと

　低学年の実践では、おもちゃの作り方の説明書を題材に、内容のまとまりを意識し、順序立てて書くことを指導しています。中学年では、書く材料を選び、考えと事例の関係に目を向けることを目標とし、水の使い方に関するリーフレットを作成しています。高学年では、フェアトレードに関する意見文を書く活動を通して、推敲と共有の力を育んでいます。

　3実践に共通しているのは、誰に向けて（相手）、何のために書くのか（目的）、を明確にしている点です。また、活動が円滑に進むよう、複数のモデルを提示したり既習事項を思い出したりする時間を設けています。苦手意識をもつ児童が多い領域だからこそ、指導と評価を結びつけることが大切だと改めて実感できます。

おもちゃの作り方をせつめいしよう

光村図書2年下

1 単元の目標

　自分の思いや考えが明確になるように、事柄の順序に沿って簡単な構成を考え、内容のまとまりが分かるように書き表し方を工夫することができる。

2 単元で取り上げる言語活動

　おもちゃの作り方の説明書を書く。…B(2)ア

3 単元の評価規準

知識・技能	思考・判断・表現	主体的に学習に取り組む態度
①事柄の順序の関係について理解している。(2)ア	①「書くこと」において、自分の思いや考えが明確になるように、事柄の順序に沿って簡単な構成を考えている。（B(1)イ） ②「書くこと」において、語と語や文と文との続き方に注意しながら、内容のまとまりが分かるように書き表し方を工夫している。（B(1)ウ）	①粘り強く、自分の思いや考えが明確になるように、事柄の順序に沿って簡単な構成を考え、今までの学習を生かして、説明書を書こうとしている。

4 「指導と評価の一体化」の視点からのポイント

　前単元において、児童は日常生活の中で発見し、友達に伝えたいことを書いて知らせる学習を行った。その際、文章の基本的な構成である「はじめ」「中」「おわり」の組み立てを押さえて書いたり、書いた文章を友人と読み合い、感想を伝え合ったりする学習を経験してきた。その学習過程の中で、「みんなが知らせるときは、みんなに分かる言葉を使わなきゃいけない」や「文章に間違いはない。人に伝わりやすいかが大事」といった言葉そのものへの興味や相手意識を感じる振り返りがあった。

　そこで本単元では、おもちゃの作り方の説明書を書くという言語活動を設定し、明確な相手意識をもち、事柄の順序に沿って簡単な構成を考えること、内容のまとまりが分かるように書き表し方を工夫することに重点を置いた学習指導を行う。また、〔知識及び技能〕内の「情報の扱い方に関する事項」として位置付けられている、作業手順といった事柄の順序についての理解することとも関連を図り指導の効果を高めていくことも踏まえていく。

　上記の目標に児童が到達するために、またその学習を評価していくために、ワークシートや成果物である説明書、児童の様子や言動を主な評価方法とした。

　本単元を通して培われた力が、第3学年及び第4学年の「書く内容の中心を明確にし、内容のまとまりで段落をつくったり、段落相互の関係に注意したりして、文章の構成を考えること」（B(1)イ）につながっていくようにしていく。

単元の流れ（全8時間）

時	学 習 活 動	指導上の留意点	評価規準・評価方法等
1	○説明書を書く学習の見通しをもつ。 ○説明するおもちゃを決める。	・誰に向けて説明書を書くのか相手意識を明確にして学習の意欲を高めるとともに、学習の見通しをもてるようにする。 ・これまでに作ったことのあるおもちゃの中から説明書にするものを一つ選ぶようにする。	・おもちゃの説明書を書くという学習課題を押さえ、学習の見通しをもっている。 ・説明するおもちゃを一つ選んでいる。
2 ・ 3 ・ 4	○読み手が分かりやすい説明のしかたを考える。 ○内容のまとまりごと色分けした付箋紙に、材料や道具、作業内容などを書き出す。 ○書き出した付箋紙を色ごとにまとめ、並べる。 ○色ごとに分けて並べた付箋紙のまとまりを「はじめ」「中」「おわり」の構成表にあてはめる。 ○構成や内容について自己評価したり、他者と読み合ったりして必要に応じて、加除修正を加える。	・既習のおもちゃの作り方を説明している文章や普段児童が目にしている説明書をモデルとしてあらためて提示する。また、それらの中で使われていた説明のしかたの工夫を振り返る。 ・「材料と道具」「作り方」「遊び方」などの種類ごと色分けした付箋紙に、それぞれの内容を書き出していくよう促す。 ・書き出した付箋紙を色ごとにまとめたり、まとめた中で書く順序を考えながら並べたりしていくようにする。 ・色や順序を整えた付箋紙のまとまりを「はじめ」「中」「おわり」の構成表の枠にあてはめていけるようにする。 ・「はじめ」「中」「おわり」に分けた構成や内容を自己評価したり、他者と読み合ったりする場を設定し、必要に応じて、加除修正を加えるよう促す。	[思考・判断・表現①] **ワークシート** ・色分けした付箋紙で作ったまとまりを「はじめ」「中」「おわり」の構成に分けてあてはめているかどうかの確認 [主体的に学習に取り組む態度①] **ワークシート・発言・観察** ・自己評価や他者との交流を通して、構成や内容について検討しているかどうかの確認 [知識・技能①] **ワークシート** ・作業手順を理解して、ふせんを並べているかどうかの確認
5 ・ 6 ・ 7	○説明書を書く。 ○説明書を読み返し、必要に応じて文章を書き直す。	・前時までに作成した構成表をもとに説明書を書いていく。その際、順序を表す言葉を使うこと、内容のまとまりに分けて書くことなど意識して書けるようにする。 ・書いた説明書を読み返す場を設け、漢字や誤字・脱字等の間違いを正すこと、語と語や文と文との続き方を確かめることといった観点を提示して、必要に応じて文章を書き直すよう促す。	[思考・判断・表現②] **説明書** ・内容のまとまりが分かるように書き表しているかどうかの確認 ・説明書を読み返し、間違いを正すなど必要に応じて、文章を書き直している。
8	○できあがった説明書をはじめに設定した相手に読んでもらい、感想を聞き、学習を振り返る。	・単元のはじめに設定した相手に説明書を読んでもらい感想を聞き、学習を振り返ることができるようにする。	・読んでもらった感想を聞き、書くことのよさを感じたり、自分の文章の内容や表現のよいところを見付けたりしている。

1 本時の目標

・おもちゃの説明書を書くという学習の見通しをもち、説明するおもちゃを決めることができる。

2 中心となる活動

・おもちゃの説明書を書くという学習課題を押さえ、学習の見通しをもつ。
・作ったことのあるおもちゃから、説明書を書くものを一つ決める。

3 見取りの視点

　本時は、学習の見通しをもつことが大きな目標となるため、児童なりに学習活動の道筋をつけられるようにし、そこを見取りたい。そのため、児童が、どんな説明書にしたいか、おもちゃの説明書を書くためにどのようなことが必要か、などを全体で出し合いながら見通しがもてるようにする。また、本時で重きを置きたいことに相手意識がある。説明書を書いてわたす明確な相手を設定することが、学習の意欲を高めたり、よりよい表現を目指したりすることにつながる。

4 児童の姿と教師の評価・手立て

 C：○○さんに説明書をわたして、おもちゃを作ってもらって、いっしょに遊びたいな。

 C：おもちゃもだけど、読む人が読んでいてワクワクするような説明書を書きたいな。

 C：でもやっぱり説明書だから、読む人がよく分からなくちゃいけないよね。

T：そうですね。説明書は、読む人がわかりやすいことがとても大事です。では、そんな説明書を書くために、これまでの学習で生かせそうなことはありますか。

 C：前の学習でまとめた「せつめいのくふう」が使えそう。

前単元までにまとめた説明の工夫の例

2年○組が見つけたせつめいのくふう	
・じゅんばんをあらわすことばがつかわれている。	・ていねいなことばがつかわれている。
・センチメートルがつかわれている。	・「ぐらい」っていうことばがついている。
・「はじめ」「中」「おわり」にわかれている。	・〈見出し〉ごとにないようがわかれている。
・文しょうのはじめになにを作るかがかんたんに書いてある。	・絵やしゃしんがつかわれている。

5 教師の省察（振り返り）

　書くことは、誰に向けて何を書くかという相手意識と目的意識によって、内容だけでなく構成も定まっていく。そのため、低学年段階のおいても、児童がこれらの意識をもてるように指導を行った。

　その上で、児童なりに学習の見通しをもてるようにした。児童の実態を踏まえ、本時では詳細な学習計画を立てるのではなく、児童一人一人の思いや考えを言語化させたり、それらを全体で共有したりすることを大事にした。またこれらが、児童の既習事項等の定着状況を知ったり、単元開始前の単元構想に修正を加えたりする指標となり、今後の「指導に生かす」評価の場となった。

2~4 時間目

知識・技能の評価①(2)ア

1 本評価に係る時間の目標

・作業手順といった事柄の順序の関係を理解することができる。

2 中心となる活動

・「作り方」の内容となる作業を書き出した付箋紙を、作業手順に沿って並びかえる。

3 主な評価

　ここでは、事柄の順序の関係を理解しているかどうかを見取るため、作業を書き出した付箋紙を、読み手が作業する順序に沿って並べかえた付箋紙によって評価する。作業を付箋紙に書き出す段階で順序立てられている児童や必要な作業を加えながら徐々に手順を整えていく児童がいることを踏まえ、この評価は、1単位時間ではなく連続した3時間を通して評価することが大切である。

4 児童の姿と教師の評価・手立て

Bの状況の児童の姿		Cの状況の児童の姿
おもちゃの部分ごとに付箋紙をまとめ、自らの作業を想起しながら、手順に沿って付箋紙を並べている。	←　児童が実際に作ったおもちゃを示しながら、「ここはどう作ったの?」などと個別に声をかけた。また、モデルとなる説明書を参考に示しながら、「おもちゃの部分ごとに付箋紙を集めてみよう」「部分ごとにまとめた付箋紙を作った順にならべてみよう」などと個別に声をかけた。	作業内容を付箋紙に書き出したり、作業手順に沿って付箋紙を並べたりすることが難しい。

本時に見取った児童の姿の具体例

Aの状況①	Aの状況②	Bの状況
おもちゃの部分ごとに集めた付箋紙のまとまりに、作業手順に沿って順序を表す言葉や番号を付け加えたり、作業手順を端的に表す見出しを付けたりしている。	書き出した付箋紙内の情報の過不足に自ら気付き、付箋紙を足して並びかえたり、まとまりから付箋紙をとったりしている。	書き出した複数の付箋紙をおもちゃの部分ごとに1枚ずつに集約し、少なくなった付箋紙を作業手順ごとに並べている。

5 教師の省察（振り返り）

　作業内容を付箋紙に書き出すことが難しい児童には、何を書けばよいかを明確にする必要があった。そのため、その児童が実際に作ったおもちゃを見せながら、付箋紙に書き出せていない箇所の作業内容をたずね、児童に言語化するよう促した。このようなやりとりをする中で、作業内容が言語化され、付箋紙に書き出すことができていった。その上で、どのようにならべかえるかは、モデルとなる説明書にある作業手順と自らが経験した作業手順とを関連させることができるように指導した。

　なお、上記の「Aの状況②」内の「情報の過不足に自ら気付」く様子は、[主体的に学習に取り組む態度] としても認め、学級全体にもその様子を「Aの状況①」の様子とともに伝えた。

記録に残す評価の時間　**思考力・判断力・表現力の評価①B(1)イ**

1　本評価に係る時間の目標

・自分の思いや考えが明確になるように、事柄の順序に沿って簡単な構成を考えることができる。

2　中心となる活動

・内容ごとに色分けした付箋紙で作ったまとまりを「はじめ」「中」「おわり」の構成に分けてあてはめる。

3　主な評価

　ここでは、自分の思いや考えが明確になるように、事柄の順序に沿って簡単な構成を考えているかどうかを見取るため、内容ごとに色分けした付箋紙を用い、それらで作ったまとまりを「はじめ」「中」「おわり」の構成に分けてあてはめているかどうかで評価する。基本的には「はじめ」に〈話題提示〉〈材料と道具〉、「中」に〈作り方〉、「おわり」に〈遊び方〉あるいは〈楽しみ方〉の付箋紙のまとまりが布置されることを想定し、その構成をBの状況と評価した。なお、この評価も知識・技能と同様、1単位時間ではなく連続した3時間を通して評価することが大切である。

4　児童の姿と教師の評価・手立て

Bの状況の児童の姿
同じ色の付箋紙のまとまりを「はじめ」「中」「おわり」にそれぞれ適切に布置している。

← モデルとなる説明書を参考に、「『はじめ』『中』『おわり』にはどんなことが書いてあったか、もう一度読んでみよう」などと声をかけ、モデルにある順序でまとまりをならべることができるよう個別に指導した。

Cの状況の児童の姿
ちがう色の付箋紙をまぜてしまっていたり、「はじめ」「中」「おわり」に付箋紙のまとまりを適切に布置できなかったりしている。

Aの状況の児童の姿
「はじめ」に青付箋紙（材料と道具を1枚にまとめたもの）、「中」に黄付箋紙（作業手順を順序通りに2枚にまとめたもの）、「終わり」にピンク付箋紙（遊び方と楽しみ方を1枚にまとめたもの）を布置している。さらに、書き出していた「おもちゃのレベル」「図」「へんしん」の付箋紙を思案し、それぞれ「はじめ」「終わり」に布置した。これらの学習の様子やワークシートから、構成に自分の思いや考えをより反映していると捉え、Aの状況と評価した。

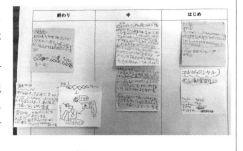

5　教師の省察（振り返り）

　内容ごと違う色の付箋紙を用意したことは、内容ごとのまとまりを作る上で有効だった。多くの児童が、あらかじめ書き出してまとめていた付箋紙を「はじめ」「中」「終わり」に適切に布置できていた。また、前時までにモデルとなる説明書を児童に複数示したことも効果的だった。単一のテキストではなく、複数のテキストから多くのアイデアを得ることが、児童の思いや考えを引き出す一助になると考え、本時までに、教科書に掲載されているおもちゃの説明書3つ、児童が日常生活の中で目にしている説明書3つをモデルとして児童に示していた。多くの子どもが、それらからヒントを得て、構成段階で様々な項目を取り入れる様子が見られた。

記録に残す評価の時間 **主体的に学習に取り組む態度の評価**

1 本評価に係る時間の目標

・粘り強く、自分の思いや考えが明確になるように、事柄の順序に沿って簡単な構成を考え、今までの学習を生かして、説明書を書こうとしている。

2 中心となる活動

・構成や内容について自己評価したり、他者と読み合ったりして、必要に応じて加除修正を加える。

3 主な評価

ここでは、これまでの学習を振り返って児童なりに自らの学習を評価し、説明書を書くという目的達成のために学習を調整しようとする姿を評価したい。モデルとした説明書や構成表を読み直すほか、他者にアドバイスをもらい、加除修正を加えているかどうかを見取る。また、加除修正を加えずに、すでにある自らの構成や内容、表現などのよさを確かめている姿も積極的に評価したい。

4 児童の姿と教師の評価・手立て

主体的に学習に取り組む態度を見取るため、まず、この説明書を誰に渡すのか、という相手意識をあらためてもてるようにした。その上で、全体に対して「①モデルとした説明文を再読する場」「②これまでの学習でまとめてきた説明の工夫に照らした自己評価の場」「③友人との相互評価の場」の3つの場を設定した。これらの場を設定して児童の学習活動を促す中で、個別に見取りを行った。

Bの状況の児童の姿
これまで進めてきた説明書の構成や内容について検討し、加除修正を加えたり、表現などのよさを確かめたりしている。

「この説明書をもらう○○さんはおもちゃ作れそう？」や「同じおもちゃの説明書を作っている○○さんとおたがいのいいところを見つけてみよう」などと個別に声をかけ、自己及び相互評価を促した。

Cの状況の児童の姿
これまで進めてきた説明書の構成や内容について検討する様子が見られない。

Aの状況の児童の姿
この児童は、前時までの構成や内容を検討し、新たに付箋紙を加えている。具体的には、「中」には作業がしやすくなるヒントを加え、「終わり」には「コツ」という項目を加えている。いずれも自分で作ったり、実際に遊んだりする中でなかなかうまくいかず、試行錯誤したポイントとなったところであった。自分が苦労したところを説明書を読む相手が同じ苦労をしないようにと考え、構成や内容をよりよくしていこうとしている姿が見られたためAの状況と評価した。

5 教師の省察（振り返り）

主体的に学習に取り組む態度を評価するにあたって意識したことが、児童に「ちょっと立ち止まって考える」場を設けることだった。相手意識や目的意識の再確認をはじめ、既習事項やモデルとしているテキスト、他者による評価等と自分の説明書や学習状況とを照らし合わせることは、学習に自己調整をかけていくために必要な作業であった。また、本時だけではなく本時までの継続的な学習の中で、自然に現れる児童の姿を見取ることも意識した。

5〜7
時間目

記録に残す評価の時間 思考力・判断力・表現力の評価②B(1)ウ

1 本評価に係る時間の目標

・語と語や文と文との続き方に注意しながら、内容のまとまりが分かるように書き表し方を工夫することができる。

2 中心となる活動

・前時までに作成したり検討したりした構成をもとに、説明書を書く。

3 主な評価

　前時までに作成した構成表をもとに説明書を書いていく。その際、順序を表す言葉などを落とさずに使うこと、内容のまとまりに分けて書くことなど意識して書いているかどうかを説明書から評価する。なお、児童によって構成や分量、書き表し方に違いがあるため、この評価は、1単位時間ではなく連続した3時間を通して評価することが大切である。

4 児童の姿と教師の評価・手立て

Bの状況の児童の姿
前時までの構成表をもとにしながら、説明書を書いている。その際、事柄の順序を表す言葉を適切に用いたり内容のまとまりが分かるように工夫したりしている。

← モデルとなる説明書を参考にしながら、「まとめた付箋紙の順番に合わせて書いてみよう」「順番を表す言葉を使ってみよう」などと声をかけ、モデルとなる説明書と前時までに作成した構成表とを照らし合わせながら書くよう個別に指導した。

Cの状況の児童の姿
作業手順が分かりにくかったり、内容のまとまりごとの境界がなく、続けて書いたりしてしまっている。

成果物（おもちゃの説明書）内の書き表し方の工夫の例

Aの状況①
〈ざいりょうとどうぐ〉〈作り方〉〈あそび方〉などの見出しを付けている。また、段落を作り、(1)(2)…や①②…といったナンバリングに加え、各作業手順の冒頭にどんな作業をするか、簡単な小見出しを付けて説明している。

Aの状況②
〈ざいりょうとどうぐ〉〈作り方〉〈あそび方〉などの見出しを付けている。また、段落を作り、(1)(2)…や①②…といったナンバリングをすることによって作業手順を表して説明している。

Bの状況
〈ざいりょうとどうぐ〉〈作り方〉〈あそび方〉などの見出しを付けている。また、「まず」「つぎに」「それから」「さいごに」などの順序を表す言葉を用いて説明している。

5 教師の省察（振り返り）

　前時までに作成したり検討したりした構成表をもとにし、何をどのような順に書くかが明確になっており、多くの児童がなめらかに書き進めていくことができていた。上記に示したような書き表し方の工夫の他に、読み手に伝わりやすくなる説明のしかたの工夫として、図を用いたり、文章の冒頭に内容を大まかに説明する話題提示の文を取り入れたりする児童が多く見られた。

　また、一度書き終えてから行う推敲もあるが、書きながら自分の伝えたいことがより明確になり、文章を書き直していくような推敲も効果的と考え、記述中における推敲についても指導を行った。

88

1 本時の目標

・説明書に対する感想を聞き、自分の文章の内容や表現のよいところを見付けることができる。

2 中心となる活動

・できあがった説明書をはじめに設定した相手に読んでもらい、感想を聞く。
・説明書を書くという学習を通して学んだことを振り返り、学習感想を書く。

3 本時の見取りの視点

　本時では、できあがった説明書をはじめに設定した相手に読んでもらい、感想を聞く中で、自分の文章の内容や表現のよいところを見付けることができたかどうかを学習感想から見取っていく。また、学習感想内に、説明書を書くという学習を通して学んだことや今後生かしていきたいことについてもふれられるように促し、その記述も合わせて評価し、次の単元へとつなげていきたい。

4 児童の姿と教師の評価・手立て

児童のノートより

○○さんも説明書を読んでくれて、おもちゃも作ることができて、ほっとしました。

文の下に絵がかいてあってわかりやすい、と書いてあって、絵をかいてよかったと思いました。

「『ちゅうい』や『ポイント』が書いてあって、わかりやすい」って書いてあってよかった。

また、新しいおもちゃの説明書を書いてわたしたい。

「はこの大きさが書いてあって、なやまないですんだ。」や、「わからなかったことも絵でわかりました。」と書いてあったので、書いてよかったと思いました。

かんそうを聞いてみたら、〈おまけ〉など、くぎられてあってわかりやすかった、と書いてあってがんばれたと思いました。

かんそうを聞いて、説明書を書いてよかったなと思いました。○○さんがよろこんでくれたので、わたしもうれしかったです。がんばったかいがありました。

　今回の学習が今後どのようなところで生かされるか、という問いについては、「何かを説明するときに使えそう」「お話を考えるときに「はじめ」「中」「終わり」は使えそう」「いろいろなところで使えそう」といった記述が多く見られた。

5 教師の省察（振り返り）

　話し手にとっての聞き手のように、よい読み手がよい書き手を育んでくれることをノートの記述から実感した。読み手の言葉により、児童は、自らの表現のよさに気付くだけでなく、書いたものが実際に使われ、人の役に立ったといった書くことの有用感だけでなく、達成感や再び書く意欲ももつことができた。

　また本単元で重きを置いた構成面の工夫は、次の書くことの学習だけでなく、「話すこと・聞くこと」など他領域の学習や日常生活の中でも生かすことができるように、継続的に活用できる場をつくっていきたい。

低学年における物語創作の指導と評価について

　低学年における「書くこと」で大事なことは、「たくさん書くこと」です。それは物語創作においても同じです。まずは、児童が想像したことを豊かに言語化できる場を大切にしましょう。この前提の上で、物語創作を学習で行う際、子どもたちの学習活動の何をどう見取り、評価するかということについて、第2学年の「お話のさくしゃになろう」の例に考えてみます。

| 【単元の目標】 | 自分の思いや考えが明確になるように、事柄の順序に沿って簡単な構成を考えてお話を書き、お話に対する感想を伝え合い、自分の文章の内容や表現のよいところを見付けることができる。 |

【単元で取り上げる言語活動】　想像したことをもとに簡単な物語をつくる。B(2)ウ

【単元の評価規準】

知識・技能	思考・判断・表現	主体的に学習に取り組む態度
①身近なことを表す語句の量を増し、文章の中で使っている。 　　　　　　　　((1)オ)	①「書くこと」において、自分の思いや考えが明確になるように，事柄の順序に沿って簡単な構成を考えている。(B(1)イ) ②「書くこと」において、文章に対する感想を伝え合い、自分の文章の内容や表現のよいところを見付けている。(B(1)オ)	①進んで、自分の思いや考えが明確になるように，事柄の順序に沿って簡単な構成を考え、今までの学習を生かして、物語を書こうとしている。

【単元計画（全10時間）】

第1時	学習課題をおさえ、学習の見通しをもつ。
第2時	既知・既習の物語を読み、物語の枠組みを考える。
第3時	登場人物や場面を設定する。
第4〜5時	「はじめ」「中」「終わり」のまとまりに分けながら、大まかな物語の内容を考える。[思考・判断・表現①]
第6〜8時	お話を書いたり、推敲したりする。[知識・技能①]・[主体的に学習に取り組む態度①]
第9時	友達とお話を読み合って感想を伝え合う。[思考・判断・表現②]
第10時	学習を振り返る。

「指導と評価の一体化」の視点からのポイント

①既知・既習の物語を取り上げ、物語の枠組みを考える場を設定する。

　第4〜5時に見取る評価にかかわって、第2時では、既習内容や読書経験から物語の枠組みを考える場を設定しました。これは中学年へのつながりも意識しています。具体的には、既習の物語教材や児童が知っている昔話などをモデルとして取り上げ、「はじめ」「中」「終わり」の構成にあてはめて考えるように促しました。すると、児童からは下記のような気付きが出されました。

「はじめ」には、登場人物や場所の簡単な紹介が書いてある。	「中」では、出来事というか、事件みたいなのが起きちゃって、それを解決していくことがドキドキしておもしろい。
「はじめ」から「中」へかわるところや「中」から「終わり」にかわるところは、時間が経っていたり、場所が変わっていたりする。	「終わり」は、いい終わりと悲しい終わりの2つあってお話によって違う。

　登場人物や状況の設定といった冒頭部の役割や事件とその解決が繰り返され、発端から結末へと至る物語の構造などを理解して、物語創作の中に取り入れていくことは、3・4学年の学習の範囲です。しかし、低学年においても児童が蓄積してきた「読むこと」の力を「書くこと」の中で生かすことはできます。上記のような気付きを学級全体で共有し、「指導に生かす評価」としました。その上で、第4・5時における評価として、「はじめ」「中」「終わり」をどのように考えたかを見取っていきます。また、本単元で得られた物語の枠組みに関する学びを、第3学年の「書くこと」や「読むこと」の指導につなげていくことも考えられるでしょう。

②既有の語彙を積極的に物語の中で使うよう促す。

　物語は特性上、多様な語彙を取り入れることができ、それが物語の特徴となることもあります。物語創作においては、その特性を生かし、既有の語彙を実際に文章内で使う場とすることができます。教科書の巻末に掲載されている多様な語彙（人物を表す言葉、物の様子を表す言葉、考え方を表す言葉、気持ちを表す言葉など）はもちろん、同義語や類義語、対義語、季節の言葉、順序を表す言葉、さらにはオノマトペなどを用いることも考えられます。ただ、「記録に残す評価」のBの状況として見取るのは、身近なことを表す語句を文章の中で使っているかどうかです。日常生活で用いている言葉などを児童が自らの語彙として使えているかが重要です。その上で、上記のような多様な語彙を適切に使っている児童をAの状況として見取っていきます。

【Bの状況】　あるところに、○○野原がありました。そこには、いつも元気な□□くんとやさしい△△ちゃんがいました。ふたりはとてもなかよしです（中略）ふたりは空を見上げました。ほう石のようにキラキラかがやく星の中に、さっきたすけたお星さまがいると思うと、うれしくなりました。

③試行錯誤しながら書く姿を見取る。

　物語創作の「記述」段階で、児童から「考えていたのからお話を少し変えてもいいですか。」や「もう一回書いていいですか。」と聞かれることがあります。その児童が考えていた記述前の構想等をみると、よく練られているものが多いです。それでも、書きながら書きたいことがあふれ出て、構想からストーリーが変わるといったことは大いにありえます。そのため、「もう一回組み立てから考えてみる？」や「続編を書いてみよう。」などと個別に声をかけ、児童の「書きたい」という意欲を大事にしました。そのような書きたい思いや考えを明確にしながら、物語内の言葉をさらに増やしたり、展開を工夫したりするなどの試行錯誤する姿を「主体的に学習に取り組む態度」のAの状況の一つとして継続的に見取っていきましょう。

考えを相手に伝えるリーフレットにするにはどうすればよいのだろう？
～水の使い方についての考えをリーフレットで伝えよう～

オリジナル

 単元目標

　相手や目的を意識して、集めた材料を比較したり分類したりして、伝えたいことを明確にし、自分の考えとそれを支える事例との関係を明確にして、書き表し方を工夫することができる。

 単元で取り上げる言語活動

　社会科で調べたり、考えたりしたことを事実やそれを基にした考えをリーフレットに書く。

…B(2)ア

③ 単元の評価規準

知識・技能	思考・判断・表現	主体的に学習に取り組む態度
①考えとそれを支える理由や事例、全体と中心など情報と情報との関係について理解することができる。 ((2)ア)	①「書くこと」において、相手や目的を意識して、経験したことから書くことを選び、集めた材料を比較したり分類したりして、伝えたいことを明確にすることができる。　(B(1)ア) ②「書くこと」において、自分の考えとそれを支える理由や事例との関係を明確にして、書き表し方を工夫している。　(B(1)ウ)	①進んで自分の考えとそれを支える理由や事例との関係の書き表し方を工夫したりしようとし、学習の見通しをもって、学習で学んだことを選択、決定して書こうとしている。

 「指導と評価の一体化」の視点からのポイント

　以前の「書くこと」の単元において、児童はグループで相談し合いながら、テーマにあった内容を取材し、それを分類し、事実だけを整理して新聞にまとめる学習を行った。例えば、学校のコロナ対策をテーマに新聞を書いたグループは、対策として学校で大切にしていることは何か校長先生へインタビューする取材を行った。さらに、消毒作業をしている先生のところに出向き、写真を撮ったり、インタビューしたりする取材も経験した。その際、相手や目的を意識して、取材したことを比較したり、分類したりする方法を学んだ。新聞という文章の種類であったため、事実をより詳しく伝えることをねらいとし、グループ内で互いの表現の仕方（つなぎ言葉や文末表現の工夫）についてアドバイスし合うことで文章を整えることもできた。しかし、取材したことを自分の考えとの関係を意識しながら分類したり、比較したり、選択したりすることは経験できていない。

　そこで、本単元では、社会科での学習を基に考えをまとめる言語活動を設定し、考えを支える「事例」を相手や目的に合わせて選択、決定できることに重点を置いて指導する。相手に自分の「考え」を伝えるためには、それを支える「事例」をあげながら書き表すことが必要となる。また、「事例」を選択する資質・能力を高めるために、知識及び技能の「情報の取り扱い」の指導内容も取り上げて指導する。相手や目的を意識し自分の「考え」とそれを支える「事例」の関係を考え、工夫してまとめる姿につなげていきたい。

　以上のような観点を評価するために、「考え」とその考えを支える「事例」を選んでいるのかを見取るワークシートと付箋紙を用いる。そして、児童が自分の考えを支える「事例」をどのように ⇨

単元の流れ（全10時間）

時	学 習 活 動	指導上の留意点	評価規準・評価方法等
1・2	○社会科の学習を想起し、まとめた考えを発信するためにどうするべきか考える。 ○リーフレットのモデルを読み、リーフレットの特徴を共有する。	・既習の発信方法を振り返り、新聞では考えを詳しく伝えることができないことに気付かせる。 ・リーフレットという文体を知らせ、どのような特徴をもっているのかを共有できるようにする。	・今までの学習を振り返り、学習に対して見通しをもっている。 ・リーフレットについて理解している。
3・4・5・ pick up 6・7・8・9	○社会科の学習を振り返り、伝えたい「考え」をまとめる。 ○モデルを示し、考えと事例の組み合わせ方を考え、共有する。 ○「考え」を伝えるために必要だと思う事例をあげ、分類する。 ○分類した上で、取り上げる事例を仮決定しておく。 ○構成の例を示し、それぞれの特徴を共有し、構成を考える。 ○リーフレットの構成を基に取り上げる事例を決定する。 ○モデルや今までの学習を基に考えと事例をリーフレットの内側に記述する。 ○リーフレットを読み合う。 ○友達の表現の工夫を基に、読み返し文章を整える。	・自分の考えを誰に伝えたいのかを意識し、決定できるようにする。 ・事例によって考えの伝わり方に違いがあることに気付かせ、「考えを支える事例」があることを理解できるようにする。 ・「考えを支える事例」があることから、より考えに合わせた事例を集めなければならないことを意識させる。 ・選択する「事例」を2つにすることを伝え、仮決定させる。 ・構成の例を基に考えとそれを支える事例をどのように配置するか考えられるようにする。 ・リーフレットの構成を基にどの事例がよいのかここで検討し、決定につなげられるようにする。 ・文末表現の工夫に気付き、記述するときに意識できるようにする。 ・構成を基に記述していき、考えと事例の記述の仕方を意識しながらまとめられるようにする。 ・友達の文章を読んで見つけたよさを基に読み返して考えることが大切であり、必ずしも文章を変えなければいけないわけではないことを伝える。	[知識・技能①] **行動・学習シート** ・考えと事例の組み合わせ方について理解の確認 →考えと事例の関係 ・相手や目的に合わせて、事例を集めている。 ・考えを支える事例をあげ、分類したり、比較したりしている。 [思考・判断・表現①] **行動・学習シート** ・事例とその事例を選んだ理由の記述の分析と確認 →仮決定の場と決定の場で評価を行う。 [思考・判断・表現②] **行動・リーフレット** ・考えと事例の関係を意識して記述しているかを確認・分析
10	○単元の振り返りとして、考えと事例の関係について考えたことをまとめる。	・リーフレットにまとめる際に大切だと考えたことを交流し、自分の学習を振り返られるようにする。 ・リーフレットは読んでほしい相手に向けて印刷し、配付する。できる範囲で、読んだ後の反応を返してもらえるように促す。	[主体的に学習に取り組む態度①] **発言・行動・振り返り** ・交流している際の言葉 ・単元を通しての記述の分析

選択したり、決定したりしていたのかを捉える。「事例」と「考え」をどのように関係させながら書き表していたのかを可視化したものに加え、「事例」を決定した際の理由を記述させ、その内容も評価の対象とする。

　ここでの学習を生かし、4年時の後半にある意見文を書く単元において、「考え」とそれを支える「事例」の関係を基に構成を考え、書きまとめる姿につながるようにしたい。

1 本時の目標

・社会科での学習を基に、水の使い方について書くことを通して伝えるという見通しをもつことができる。伝えたいことの内容として「考え」の部分と「事実」の部分があることに気付き、伝え方について考えることができる。

2 中心となる活動

・社会科の学習を振り返り、伝えたいことを想起する。
・「リーフレット」という文章の種類に興味をもつ。

3 見取りの視点

　この時間は、社会科の学習を振り返り、誰に向けて（相手意識）何を何のために伝えたいのか（目的意識）を明確にすることを通して、伝え方の検討をする。伝えたいことを想起させ、「考え」（水の使い方）の部分と「事実」（浄水場の働き・ダムの働きなど）の部分に整理する。整理することで、既習で経験している「新聞」は、「事実」を明確に伝えることに適しているものであり、「考え」を具体的に示すのには適していないと気付くことができる。この気付きを生かし、今後の単元や他教科等との関連の中でも、文章の種類によって伝わりやすいものと伝わりにくいものがあることを意識できるようにしていきたい。

　「事実」だけでなく「考え」も伝えられるものとして「リーフレット」があることを知らせ、「リーフレット」がどのようなものなのかを確かめ、書くことを通して「考え」と「事実」を伝えたいという見通しをもつ。この見通しをもつことができているのか児童の反応及び振り返りから見取る。

4 児童の姿と教師の評価・手立て

社会科の「水はどこから」では、学習したことをいろいろな人に伝えたい。新聞のときのようなことはできないかな？

「水はどこから」の学習のどのようなことを伝えたいのですか？

　社会科の学習のまとめの際に学んだことを伝えたい思いをそのまま生かせるようにする。児童はこれまで、朝会などで上級生や下級生に調べたことを発表した経験があり、今回も調べたことを伝えたい思いをもっていた。この思いを生かしていく。

Aさんの場合　「考え」	Bさんの場合　「事実」	Cさんの場合　「事実」
節水として、水を出しっぱなしにしないように伝えたい。	ダムを作るのに、沈んでしまった集落について知らせたい。	浄水場では、24時間体制で水をきれいにしていることを伝えたい。

新聞では事実を伝えるのにはむいているけど…

「リーフレット」というものがあるよ。

「リーフレット」を読んでみたい。

5 教師の省察（振り返り）

　既習を振り返り、「考え」を伝えたいが、「新聞」では伝えにくいことに気付くことができた。このことは、他教科のまとめの際にも目的と文章の種類の関係を考える姿につながると考えている。また、「リーフレット」という文章の種類があることを実物とともに伝えることを行った。すると、児童は、言葉を辞書で調べたり、家庭にある「リーフレット」を思い出し、「どのようなものか読んでみたい」という思いを発言したりしていた。次時に「リーフレットを持ってきて、どのような特長があるのか確かめる」ために読む活動を行うこととなった。

1　本時の目標

・リーフレットを読むことを通して、
その特長を捉えることができる。

2　中心となる活動

・「リーフレット」を読む。

3　見取りの視点

　リーフレットにはどのような特長があるのか、既習の新聞や説明的な文章と比べながら読む。その中で、リーフレットの「中」には、筆者の「考え」と「事例」の部分があることに気付かせる。また、新聞を書く学習で学んだことと比較しながら、似ている部分と異なる部分を捉えていく。

　リーフレットの特長について捉えたことを基に次時以降の学習の見通しをもてるようにしたい。そのため、読み取ったリーフレットの特長について共有し、板書にまとめ、全体化することで児童の見通しにつながるようにする。振り返りを記述することで、児童がリーフレットの特長を捉えているのかを見取れるようにする。

4　児童の姿と教師の評価・手立て

　リーフレットを何種類か集め、児童一人一冊手に取れるようにする。４人グループに４種類のリーフレットを渡すことで、回し読みをしながら、リーフレットの特長を捉えられるようにした。

リーフレットには、どのような特長があるのかな？

文章の内容に着目する児童
文末に着目したんだけど、「考え」が書かれているところと事実が書かれているところがある。

図や写真に着目する児童
写真も全て同じようなものではなく、アップとルーズが使い分けられているよ。

レイアウトに着目する児童
新聞と似ていて、「見出し」が書かれていて、そのことについて詳しくまとめているのが本文だよ。

既習を生かすとする姿
新聞を書いた学習の経験や説明的文章の学習で着目したことを生かしながら読むことで、新聞と比べたり、文章のまとまりの役割を意識したりしながら、特長を捉えることにつながった。

リーフレットの折り方に着目した児童
リーフレットには折り方がいろいろあって、その開き方によって伝え方が変わるようになっているよ。

教師の想定を超える姿
リーフレットについて興味をもち、家庭学習で事前に調べてくる姿があった。リーフレットの折り方の違いが、事例や考えをあげる順序とつながっていることに気付いていた。

5　教師の省察（振り返り）

　既習を生かしながら読むことを通して、リーフレットの特長を捉えることができた。読む際に、前時の「新聞」では「考え」を伝えることができないという気付きも大きく影響していたと考えられる。既習を生かすためには、児童にその意識を日常的にもたせるような言葉がけ、児童の発言の価値付けが大切だと感じた。また、リーフレットの折り方と文章の順序性に関しては、本単元のねらいには含まれていない。しかし、文章の順序性は後の単元に関わってくる思考である。今回は少し触れることとし、Ａの状況と判断する視点の一つとしてこれからの見取りに生かしていく。

1 本時の目標

・自分の考えを誰に伝えたいのかを意識し、自分の考えをまとめることができる。

2 中心となる活動

・社会科の学習をもとに、「水の使い方」に関しての自分の考えをまとめる。

3 見取りの視点

　リーフレットの特長を理解した上で、誰に、どのようなことを伝えたいのかを決める時間となる。社会科の「水はどこから」の単元のまとめで自分自身にもどして、振り返りを行っている。振り返りでは、「自分が～」の視点でまとめている。それを生かしながら、自分が伝えたいと思った相手を意識しながら考えをまとめているかを見取っていく。その際に、次時以降へつなげていけるようにワークシートへのコメントや個別の指導を一人一人の伝えたい思いや「考え」に合わせて行っていく。

4 児童の姿と教師の評価・手立て

「水の使い方」について相手を意識して、まとめよう。

まとめる時の指導の工夫
・今までの説明的文章の筆者の考えのまとめ方を想起させる。
・教師のモデルを提示する。

社会科のノートや水道についての副読本を読み返す。

下級生に伝えたい児童
手を洗うときに、水を出しっぱなしにしているから、それを止めてもらうようにしたいな。

保護者に伝えたい児童
食器洗いのときにお母さんが水を出しっぱなしにしているから、浄水場で働く人の苦労とともに伝えたい。

「水の大切さ」について、ダムや浄水場について学習したよね。どっちかを中心に伝えてもいいかも。

保護者に伝えたいが考えがまとまらない児童
お母さんに伝えたいけど、どうしたら水を大切にしてくれるかな？

保護者に伝えようと考えた児童の考え
　手を洗う時や料理のときは水を止めていますか。水は浄水場にいる人たちが4時間かけて作っています。それを24時間管理し続けています。なので、あまり使いすぎてしまうと浄水場の人たちが困ってしまうはずです。だから、水を使いすぎず、使っていない時はじゃ口を閉めましょう。

5 教師の省察（振り返り）

　考えを誰に伝えるかによって、言葉を意識しなければいけないことや伝える内容を吟味することの大切さに気付いていた。それは既習の「新聞を作ろう」の学習が生きていたからだと考えられる。また、相手によって分かりにくい事例もあると考える児童もいた。この思考は次時以降の事例を集め、選択していくことにつながるため、次の時間に向けて価値付けすることとした。

4 時間目

記録に残す評価の時間　知識・技能の評価①(2)ア

1 本時の目標

・事例によって考えの伝わり方に違いがあることに気付き、「考えを支える事例」があることを理解することができる。

2 中心となる活動

・自分の考えを支える事例が何かを考え、事例を集める。

3 主な評価

　取り上げる「事例」によって「考え」の伝わり方が違うことを教師のモデルを基に気付かせる。この気付きをもとにワークシートに取り上げる事例を簡単に書いた付箋紙を貼っていく。そして、自分の「考え」に合った「事例」を集めることができているか児童の行動や記述から見取れるようにする。より児童の理解を捉えるため、ワークシートへ書き込む姿と記述した内容を合わせて評価したい。

4 児童の姿と教師の評価・手立て

Bの状況の児童の姿	教師	Cの状況の児童の姿
自分の考えに合わせて、考えをより強めるために事例を選び、付箋紙に書いている。また、その事例を集めた理由をワークシートに書いている。	「考えの文章に戻ってみよう」「相手に伝えるならどの部分を詳しく伝えるといいかな」と社会科のノートや副読本を基に振り返るようにし、常に考えとのつながりを意識できるようにする。	事例としてあげたいことは決まっているが、自分の考えに合う事例をくわしく伝えるために、細分化し、メモに書きまとめることがなかなかできない。

【実際のワークシート】

Bの状況の児童

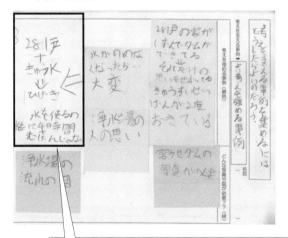

保護者に節水してもらいたいという「考え」なので、ダムを作るときの人々の思いや浄水場で働く人の思いを伝えたい。

↓

児童の見取り
相手に合わせて、社会科のノートや副読本をもとに「事例」を集め、内容ごとに分類している。取り上げる事例をダムや浄水場に関わる人々に着目している。

「事例」として共通するものは何かを考え、メモにして書き残す工夫を行なっている。2つの「事例」を合わせることで伝えられることをイメージしている。

Bの状況の児童

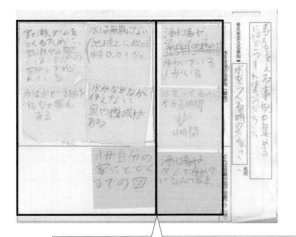

下級生に水の無駄使いをしてほしくないという「考え」を基に、浄水場で働く人・ダムの建設に関わった人、飲み水を作るまでの過程の中から分かりやすいものを伝えられるようにしたい。

↓

児童の見取り
相手に合わせて、それぞれ社会科で学んだことの中から伝わりやすい事例を取り上げて分類している。

集めた「事例」をダムに関係しているものと浄水場に関連しているものに分類し、線で囲んでいる。また、関連する図や写真も含めて付箋紙に書き表している。

Aの状況の児童

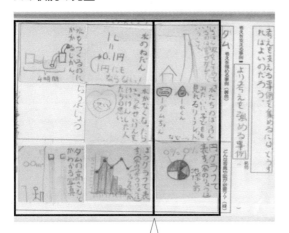

水を無駄に使ってほしくないことを保護者に伝えるには、ダムのことを「事例」で伝えつつ、水の使用量の変化をグラフで示す。そして、水の大切さを伝えられるようにしたい。

↓

児童の見取り
相手に合わせて、事例を選び取り上げられているだけでなく、まとめ方も意識し、グラフや写真も関連させて分類している。

集めた「事例」を分類し、線で囲んでいる。また、グラフや写真を関連させて取り上げている。加えて、リーフレットのイメージを明確にし、グラフの効果まで考えていた。

5　教師の省察（振り返り）

　無目的に「事例」を集めるのではなく、前時にまとめた「考え」を軸に相手に合わせて集めることを意識した。そうすることで、伝えたい相手を考えたり、社会科のノートや副読本を読み直したりしながら「事例」を集め、付箋紙に書きまとめることができた。この様子から、「考え」に合わせて「事例」を取り上げることで説得力が増すことにつながることを理解できていると捉えた。必要な写真などに関しては、今の段階ではイメージができていない児童もいたため、次時以降も付箋紙を書き加えられるように言葉をかけることにした。

<table>
<tr><td>

5
時間目

</td><td>

1 本時の目標

・構成の例を示し、それぞれの特徴を共有し、構成を考えることができる。

</td><td>

2 中心となる活動

・構成の例を読み取って感じたことを共有し、自分にあった構成を選択する。

</td></tr>
</table>

3 見取りの視点

　リーフレットの「中」の部分の構成のモデル（既習の説明的文章をリーフレットに書き換えたもの）を読み、それぞれの「考え」とそれを支える「事例」の伝わり方の特徴について考える。リーフレットの「中」の構成として、①宣言型②深め型③順番型の３つの構成の型にまとめられる。その３つから、自分の「考え」を伝えるためにどの構成の型にするのか選ぶことを行う。選んだ構成の型をもとに、「事例」を選択する次時の「記録に残す評価」へつなげていけるようにワークシートへのコメントを一人一人の状況に合わせたものになるよう意識する。

4 児童の姿と教師の評価・手立て

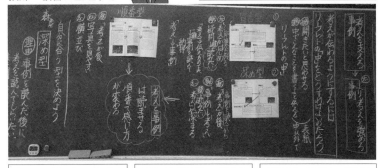

保護者に水の使い方を伝えたい児童
「水の無駄使いをやめてほしい」という「考え」とダムを作るために家を沈めることとなった住民の「事例」を基に伝えたい。

より考えを強める事例をどこに構成したら伝わりやすくなるかな？

リーフレットの「中」をイメージできるの指導の工夫
・既習の説明的文章をリーフレットに書き換える。（３種類）
・２つの「事例」と「考え」が述べられている。

教師　板書に整理する

「既習の説明的文章」をリーフレットに書き変えたものを読み取り、感じたことを伝え合う。

①宣言型「考え」→「事例」
考えを基に事例を読んでもらうことができる。

②深め型「事例」→「考え」
事例を読んだ上で考えを読んでもらうことができる。

③順番型　「事例」→「考え」
事例から考え、横や縦にスライドしながら読んでもらえる。

保護者に伝えようと考えた児童が選んだ構成
「順番型」
→順番型にした理由は、考えがあとになるので、事例をバッチリ理解した後に考えを読んでもらうことができる。なので、より考えを理解しやすくなると思うから。

5 教師の省察（振り返り）

　構成を選択できるように、既習の説明的文章をもとにした３種類の構成のモデルを示した。既習の文章であったため、構成による感じ方の違いを気付きやすくできたように感じる。気付いたことを共有し、構成による効果を明確にしたため、構成の型を選ぶのは、全体的にスムーズにできた。

第6時の指導の工夫と授業の流れ

ここまでの授業を振り返って

　前時までの学習で、リーフレットのつくり方の分析を通し、自分が使う構成の型を選ぶ活動まで行った。そして、自分の「考え」に合わせた「事例」を集めている状態である。「事例を全て載せることはできない」と前時の学習を基に気付くことができている。本時では、集めた「事例」を2つ選択する活動を行う。まず、集めた「事例」の中から「考え」を強めると考えた「事例」を自ら選択し、悩んだり、迷ったりしたことを明確にする。授業の中盤に、伝えたいと考えている相手（保護者、下級生、地域の人）と選んだ構成の型を示した学級名簿を配付する。それを基にアドバイスをしてほしい相手を見つけ、「事例」の選択の仕方などについて意見交流する時間を設定する。

● 本時の目標

　自分の考えに合った事例を、今まで集めたものの中から選ぶことができる。

主な学習活動	指導上の留意点	評価規準と評価方法
1．本時の学習課題を確認する。	・昨日までの学習を想起し、事例を2つまでに絞らなければいけないことを確認する。	
考えをより強める事例を選ぶにはどうすればよいのだろう		
2．教師のモデルを基に事例の選び方について考える。 3．「事例」の選び方について考えたことを基に自分の「考え」を支える「事例」を選ぶ。	・教師のモデルを基に全体で考える時の内容を言語化しつつ、確認していけるようにする。 ・構成の例を基に考えとそれを支える事例をどのように配置するか考えられるようにする。 ・悩んでいる姿が見られたら、友達にアドバイスを求めるよう助言する。	・Cの状況になりうる子に関しては誰と関わればよいのかのイメージをもたせる。
4．教師のモデルを基に悩み解決のイメージをもつ。 5．どの事例がよいかアドバイスをし合う。	・友達とアドバイスし合うイメージをもてるようにする。 ・アドバイスをもらう相手に関しては、伝えたいと考えている相手（保護者、下級生、地域の人）と選んだ構成の型を示した学級名簿を基に自ら見つけ、アドバイスを求められるようにする。 ・アドバイスやリーフレットの構成を基にどの事例が良いのかここで検討し、決定につなげられるようにする。	 [思考・判断・表現①] **行動・学習シート** 事例とその事例を選んだ理由の記述の分析と確認 →事例決定の付箋紙の動きと理由で評価を行う。
6．アドバイスを基に事例の最終決定をする。	・振り返りにどうしてその事例にしたのか理由をまとめられるようにする。	

● 本時における指導と評価の一体化の視点からポイント

全体への評価と指導の構想

すでに「事例」を決定するイメージをもっている児童の決め方を参考に教師モデルを作る。「こういう視点で選べばいいんだ」などの選ぶときの視点を共有できるようにする。また、文章以外の写真やグラフの重要性にも気付いてほしい。前時までの児童の見取りを生かし、写真やグラフについて着眼している児童の考えを価値付けしていくことも視野に入れておく。

全 体 指 導 （活動イメージの共有）

教師の発問	児童の反応
（教師のモデルの「考え」は「いろいろな人の苦労で水がみんなの所にとどいているから大切にしたい」というものである） T：事例ってどういう事例を決めないといけないんだっけ？  T：先生は、どんな事例を選べばいいかな？  →実際に教師のモデルを基に、「事例」を選択することを全体で交流しながら行う。「事例」の選択場面を具体的にイメージできるようにする。 T：先生もみんなにアドバイスをもらって事例を２つ選んだんだけど、本当にいいのかまだ悩んでいるんだよね。みんなもまず自分の付箋紙を移動させてみよう。	（教師のモデルに関しては、単元の中で扱ってきたものである。そのため、児童は教師のモデルの相手や「考え」について理解している状態） C：考えを強める事例を決めないといけない。 C：そうそう。 C：伝えたい相手が下級生だから相手に伝わるものを選ばないといけないよ。 C：分かりにくくなってしまう事例じゃないほうがいいよ。 C：関連していて、先生の考えに納得できるような事例でないといけないと思う。  C：働く人の思いの事例は入れないといけないと思うよ。  C：それは外せないよね。 伝える相手と自分の考えに合う事例を選ぶイメージをもつことができている。

個別の指導

A児

事例は一つ決まっているが、もう一つが決まっていない。もう一つをどうするべきか悩んでいる。

↓

視点が異なるアドバイスをもらえるよう、違う相手に伝えようとしている児童との交流を促した。自分の「考え」の中心を意識し、相手に一番伝わりやすいものを考え直し、2つの「事例」を選択する姿につながった。

↓

Bの状況と評価

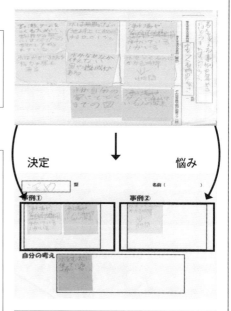

決定　　　　　　　　悩み

…浄水場の人の思いを入れた方がよいと思った。なので、2つ目を水を作るときの大変さとして作るのにかかる時間を入れた方がよいと考えた。

B児

「事例」と「考え」を組み合わせて、下級生に水の大切さや水を作っている人の思いを伝えたい。

↓

相手意識を大切にし、下級生にも伝わるような「事例」を選ぼうと考えていた。アドバイスをもらうことを通して、付箋紙を書き換え、2つの「事例」を1つにまとめる思考へとつながっていた。水に関わる人の苦労を伝えられるように、「事例」を2つ選択する姿が見られた。

↓

Bの状況と評価

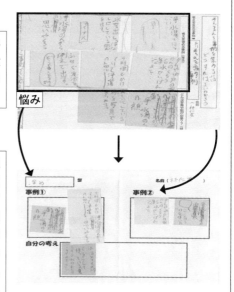

悩み

「事例」を決定した理由（児童の記述）
…水の大切さや水を作っている思いを事例として伝えることにした。浄水場で働く人の思いだと分かるように吹き出しに表したい。

C児

ダムの「事例」を中心に書こうと思っていたけれど、浄水場のことを選ぶべきかを悩んでいる。

↓

相手意識を大切にし、水の値段のことを伝えたいが、「安い」と思われないようにしたいと考えた。同じ相手に伝えようと考えている児童にアドバイスをもらった。アドバイスを基に、ダムと浄水場の「事例」を2つ選んだ。それに加えて、グラフや写真の効果を考え、相手への伝わり方まで考えていた。

↓

Aの状況と評価

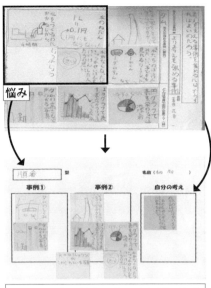

…実際に水の料金は安いけれど、地球上で飲み水にできる水の少なさに気付かせて、大丈夫なのかと読み手に疑問をもたせたい。

（→相手意識だけでなく、相手への伝わり方や写真やグラフの効果も考えているため）

D児

浄水場の人の思いと仕事のことの「事例」を選択したい。ただ、どの仕事を任されている人の思いの「事例」を選択するか悩んでいる。

↓

相手意識を基に、普段知ることのできない働く人の思いを伝えたいと考えた。同じ浄水場の「事例」を選択したいと考えている児童と交流した。アドバイスを基に、24時間水の管理をしている人の思いを基に水を作る苦労を伝えたいと考え、2つの「事例」を選んだ。

↓

Bの状況と評価

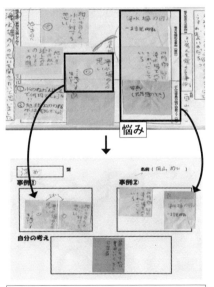

…浄水場で働いている人やダムに沈んだ宮ヶ瀬の人たちの思いを知らせたい。水を作る苦労に気付かせて、読み手が節水に協力しやすくする。

（→相手意識だけでなく、相手への伝わり方や写真やグラフの効果も考えているため）

Aの状況の児童が周りに影響する

「社会のノートを見返していたら、浄水場の働きについて確かめたくなった。どのような作業をして、どのような思いをもっているのか確かめ直す必要があるのではないか。」

→周りの子たちも机から社会のノートや副読本を取り出し、もう一度、考えより強める「事例」は何かを考える姿が広がった。

教師の省察

今回の学習では、「相手意識」と自分の「考え」を照らし合わせながら「事例」を絞っていく思考を捉えることをねらいとした。写真や図、グラフの重要性に関しては既習を想起し気付けるようにしたかった。そのため、あえて教師のモデルで写真を出さずに、児童の発言を基に取り上げた。想定していたよりも「事例」を再検討する姿が見られた。それは、新たに付箋紙を加える児童が周りによい影響を与えていたからではないか。また、アドバイスし合うことのよさを今までの学習で実感しているからこそ、課題解決のために関わり合う姿につながったとも考えられる。日々の交流でも関わることのよさを実感できるように工夫していくことが大切だと改めて感じた。本時の評価に関しては、児童の見取りとしてより多様な視点が必要となる。そのため、見取りの工夫として、構成メモと理由を書いたワークシートを照らし合わせながら評価することとした。

参 観者の視点から

社会科及び前時までの学習を通して、「水の使い方」に関して誰に何を伝えるのか（考えや願い）を、児童がしっかりと意識していました。その考えや願いに適した事実を選ぶのが本時です。児童は伝えたい相手が近しい友達、同じ考えや願いをもっている友達に歩み寄り、手持ちの事実から何を選ぶべきか熱心に検討を始めました。より説得力のある事実はないかと社会科資料集を開く子、選ぶ事実が決まりうれしそうな子、出来るだけ多くの友達にアドバイスを求めに回る子。一人一人が自らの課題を解決すべく主体的に学習を進めていました。授業者は前時までの見取りを生かしCの状況の児童に助言したり、付箋の動かし方から選んだ事実を把握し理由を問うたりしていました。こうした指導に生かす評価の積み重ねが、資質・能力をはぐくむ源であることを実感する時間でした。

(茅野政徳)

7~8 時間目

記録に残す評価の時間 思考力・判断力・表現力②B(1)ウ

1 本評価に係る時間の目標

・自分の考えとそれを支える理由や事例との関係を明確にして、書き表し方を工夫してまとめることができる。

2 中心となる活動

・モデルや今までの学習を基に考えと事例をリーフレットの内側に記述する。

3 主な評価

　既習を想起し、文末表現を意識しながら、「事例」と「考え」の関係を意識してまとめられるようにする。リーフレットでは、それぞれが見出しとともに「考え」と「事例」を区別し、記述されている。そのため、構成メモを基に「考え」と「事例」を区別して記述することが評価のポイントとなる。また、「考え」と「事例」を意識しながら表現を考えて書くことができているかを完成したリーフレットを基に評価する。

4 児童の姿と教師の評価・手立て

Bの状況の児童の姿

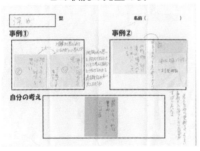

「働く人の思い」と「浄水場のはたらき」の「事例」を選択した。自分の「考え」を「事例」と区別し、構成メモを基にまとめることを意識した。このことを記述につなげようとしている。

Bの状況の児童の姿

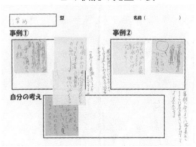

「浄水場とそこで働く人の思い」と「ダム建設で家を引っ越さなければならなかった人の思い」の「事例」を選択した。「事例」と「考え」を区別しながらまとめることを意識している。

考えと事例の関係を意識しつつ、見出しを工夫しながら記述できている。また、文末表現も考えの部分では「〜はずです」「〜しましょう」と書き表し方を工夫しながらまとめることができた。指導事項ウの内容をおおむね達成しているのでBの状況を評価する。

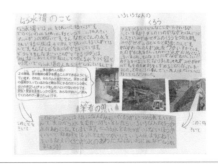

考えと事例の関係を意識しつつ、見出しや写真と事例のつながりを工夫しながら記述できている。また、考えの部分では「このように」「〜ですよね」と書き表し方を工夫しながらまとめることができた。指導事項ウの内容をおおむね達成しているのでBの状況を評価する。

Aの状況の児童の姿	Cの状況だったがBの状況になった児童の姿

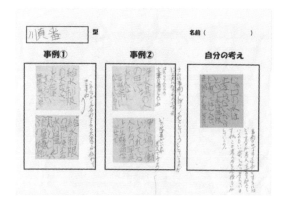 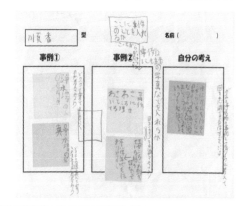

事例を「給水制限」と「浄水場で働く人」について取り上げ、自分の考えを順序性も意識しながらまとめている。「考え」と「事例」の順序性まで考えてまとめる意識をし、記述につなげている。	前時の「事例」の選択を基に伝えたいことが明確になってきた。ワークシートに「考え」へつなげる際に文末表現を意識することを書き加えて助言した。そうすることで「考え」と「事例」の区別を意識し、記述するイメージをもつことができた。

「考え」と「事例」の関係を意識しつつ、「事例」と「考え」の順序性まで考えることができている。相手に分かりやすく伝えるために、「事例」の配置を考えた。「事例」の後に「考え」を読んでもらえるようにした。さらに、見出しやつなぎ言葉、折り方の工夫で読む順序を意識して、記述できていたのでAの状況と判断した。	伝えたいことはあるが、どのように分けて伝えていくのか迷っていた児童だった。しかし、学習の積み重ねやワークシートのコメントを基に「考え」と「事例」の関係を意識し始めた。「事例」ごとにそれぞれに見出しを付けつつ、書き表し方を注意しながら記述できていたため、Bの状況と評価する。

5　教師の省察（振り返り）

　前時までのワークシートを基に、「考え」に合わせて「事例」を選択することができていたため、一人一人のワークシートを見取った上で、記述につなげるためのコメントを書くようにした。このコメントが、「事例」と「考え」の区別を意識し、文末表現を工夫してリーフレットにまとめようとする姿につながったと感じる。Cの状況になりうる児童もまとめることができたのも、単元の中で「指導に生かす評価」としてワークシートにコメントを残すことができたからだと考える。一人一人の指導として教師の見取りをいかしたコメントが効果的であったからだと考えられる。

1 本時の目標

・リーフレットを読み合い、友達の表現
の工夫を見つけ、それを基に読み返し、
自分の文章を整えることができる。

2 中心となる活動

・リーフレットを読み合う。

3 見取りの視点

　互いにリーフレットを読み合うことを通して、友達の表現のよさを認め合う活動を行う。見つけたよさを付箋紙で伝え合ったり、全体で報告し合ったりすることで表現の工夫を認め合えるようにする。また、見つけた友達の表現の工夫を基に自分のリーフレットを読み返し、文章を整える活動につなげていく。書き終えた際に、誤字脱字や指導事項に沿った推敲の視点を基に個人でチェックをしている。さらに、今回は友達の表現の工夫を見つけることで、児童が主体的に文章を整えることを意識させたい。

4 児童の姿と教師の評価・手立て

事例のまとめ方に着目する児童
事例を分かりやすく伝えるために、写真と円グラフを工夫して配置しているよ。

事例と考えのつながりに気付く児童
事例が考えをより強めるために、矢印でつないだり、つなぎ言葉を加えたりすることで分かりやすくなっていた。

「中」以外の部分で気付く児童
リーフレットをめくると目次があるから何が書かれているのか分かった状態で読めるのがよい。

【友達の表現の工夫を全体化】

全体化することで
リーフレットの中の部分だけでなく、そのほかの部分にも着目する児童もいた。それを基に、もっと工夫できそうだと進んで主体的に考える姿が見られた。

教師のワークシートへのコメント
事例と考えの文末表現を意識し、まとめられました。矢印の間に、つなぎ言葉を加えることで、より読み手が○○さんの「考え」と「事例」をつなげて読むことにつながるね。まとめ言葉の手法（まとめのつなぎ言葉）のよさをいかした工夫だね。

つなぎ言葉を加えた児童
はじめは、事例とのつながり矢印のみで表現していたが、事例と円グラフを考えにつなげるために、「これらを活かして」という言葉を付け加えて、より伝わりやすくしようと文章を整えた。

5 教師の省察（振り返り）

　互いに文章を読み合うことを通して、友達の表現の工夫を理解したり、自分自身の表現の工夫を理解したりすることができたと感じている。友達の表現のよさを見つけると自ずと自分のリーフレットを読み返すことも分かった。友達の表現のよさを捉えることが推敲の活動をよりよいものにできると感じた。しかし、全体交流の際に指導事項に沿って工夫したことよりもそれ以外の工夫がメインとなってしまった。読み合う際の視点として捉えさせたい工夫点についてもっと意識づけが必要だったと感じた。また、この時間で、取り上げられなった表現もあるため、児童が自分の文章の表現のよさに気付けるよう、個々のワークシートにコメントを書き、価値付けした。

記録に残す評価の時間 主体的に学習に取り組む態度

1 本時の目標

・進んで自分の「考え」とそれを支える「事例」との関係を考えて、事例を決定したり、書き表したりしようとし、学習の見通しをもって、書こうとしてきたかを振り返っている。

2 中心となる活動

・本単元の学びの姿を振り返る。

3 主な評価

　今までの単元の学習を振り返り、自己評価を行うことで何を意識して学習を行ってきたのかを改めて確認する。自己評価するために、まず、リーフレットをまとめる際に大切だと思うことを交流する。交流したことを基に自分の学びの姿について、ワークシートのチェック表や振り返りを記述できるようにする。今までの学習の姿と振り返りの記述を基に児童の主体的に学習に取り組む姿を評価する。

4 児童の姿と教師の評価・手立て

Bの状況の児童の姿

Bの状況の児童の姿
指導事項と関わる点として、考えを支える事例を相手に合わせて選択すること。「考え」と「事例」を分けて、書き表し方を工夫しリーフレットにまとめること。この2つが大切であることに気付いている。

「単元でできるようになったことチェック表」や「今までのワークシート」を振り返るように声をかけ、リーフレットを読み返しながら、まとめられるように指導する。

→

Cの状況の児童の姿
学習には粘り強く取り組んでいたものの、自分自身が意識してきたことを整理できずに、振り返りに何を書いてよいのか分からない。

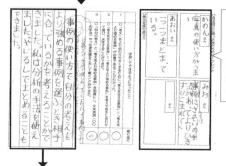

前時の友達と読み合うことでの気付きを生かして
単元の振り返りを行いやすいように、友達のよさを常に見返すようにした。今後つなげたいことや本単元でリーフレットを推敲する際のポイントとしてまとめたものになっている。この記述をもとに自身の学びを振り返られるようにしたいと考えた。そのため、同一のワークシートに構成するようにした。

↓

Bの状況の児童
「事例」の使い方で自分の考えをより強める「事例」を選ぶとき、相手に合っているのか考えることができました。私は、分析の手法（説明文で学んだ文末表現）を使えました。矢印でまとめることもできました。

Bの状況と判断した視点
・相手意識をもって「事例」と「自分の考え」の関係を考えることの大切さに気付きつつ、それを基に表そうとしている姿が見られた。 ・記述の際に相手を意識し、工夫して書き表すことの大切さに気付きつつ、リーフレットに記述する際もいかしていた。

【実際の児童の振り返り】

Bの状況の児童 「考え」をより強める「事例」を選ぶことが考えを相手に伝えるためには必要だと分かりました。集めた情報を全部書くことはできないので、相手や自分の考えに合わせながら選んでいくのが大切だと思います。	**Bの状況の児童** 「考え」と「事例」では、文末の表現の仕方を変えないと相手にわかりにくくなってしまいます。今までの手法（説明的文章で学んだ文末表現）を工夫してまとめることで、よりくわしく伝えることができると分かりました。	**Bの状況の児童** 「考え」と「事例」は、合わせることを意識しなければいけないと分かりました。「考え」をより強めるために必要な「事例」を考えて選ばないといけないと思います。表現の仕方も工夫すると伝わりやすくなると感じました。

Bの状況と捉える視点として
①相手や目的を意識して、経験したことから書くことを選び、集めた材料を比較したり分類したりして、伝えたいことを明確にすることの大切さに気付いているか。②自分の考えとそれを支える理由や事例との関係を明確にして、書き表し方を工夫することの大切さに気付いているか。この2点を基に、単元を通して学んだこととして自身の活動を振り返りながら、まとめられている。

Aの状況の児童 相手を考えて「考え」をより強める「事例」を選ぶことが、伝えるために大切だと分かりました。「考え」と「事例」をつなぎ言葉でつないだり、順序を考えたりすることが大切だと思いました。これから、自分の意見を書くことや説明的文章を読む時に「考え」と「事例」のつながりを意識していきたいと思います。	**Aの状況と捉える視点として** 単元を通しての学んだ相手に合わせた「事例」を決めることや「考え」と「事例」をつなげることの大切さについて振り返っている。それに加えて、「書くこと」だけにとどまらず、「読むこと」においても「考え」と「事例」のつながりも生かしていきたいと記している。このことから、領域をまたいで学んだことについて考えを広げているのが捉えられる。

評価の手立て
ワークシートのチェック表や振り返りの自由記述を照らし合わせて自分の学びの姿について自己評価を行う。記述する際にはリーフレットにまとめたことの感想にならないようにした。①相手や目的を意識して、経験したことから書くことを選び、集めた材料を比較したり分類したりして、伝えたいことを明確にすることの大切さに気付いているか。②自分の考えとそれを支える理由や事例との関係を明確にして、書き表し方を工夫することの大切さに気付いているか、の2点を基に記述する。思考・表現・判断の評価規準と関連させ、児童自身が活動を振り返りつつ、自己評価を行えるようにした。ここでまとめた自己評価と実際の授業における教師が見取った姿の2点を照らし合わせて主体的に学習に向かう姿を評価できるようにする。

5 教師の省察（単元を通しての振り返り）

　本単元の目標を児童が達成できるように「考え」とそれを支える「事例」を選んでいるのかを評価の視点とした。その具体的な児童の姿を見取るためにワークシートと付箋紙を用いた。児童が自分の「考え」を支える「事例」をどのように選択したのか、また、その「事例」と「考え」をどのように関係させながら書き表していたのかを可視化できるようにした。「事例」を決定した際は理由を記述させ、その内容も評価の対象に含むことで、活動する児童の姿だけではなく、その際の思考の部分も捉えつつ、評価に生かすことができた。このことで、Bの状況と判断する児童の見取り、また教師の想定を超えていくAの状況と判断する児童の姿を具体的に捉えられた。今回の単元では、「指導に生かす評価」として「既習の想起」を単元の中で大切にしてきた。そのため、児童から今までの学習を想起した発言や行動が見られた。既習の内容は、その都度振り返りつつ、生かせたと児童が実感していくことが定着につながる。この単元での学習を生かし、4年時の単元において、「考え」とそれを支える「事例」の関係を基に構成を考えたり、捉えたりする姿につなげていけるように今後も意識していきたい。

「書くこと」の創作活動　～物語を書こう～

　書くことの中学年の事例では、B書くこと(1)ア・ウを重点とした単元における指導と評価の一体化について、まとめました。では、B書くことにおける創作活動においての指導と評価の一体化をどのように図っていけばよいでしょうか。

　B書くことの創作活動については、学習指導要領の言語活動例で述べられています。物語の創作に関しては、小学校中学年で取り上げられている言語活動例ではあるが、小学校高学年では取り扱われません。物語を創作する活動例が取り上げられる中学校2年生まで物語の創作は行うことは少なくなると考えられます。中学年で扱う物語の創作では、「登場人物の性格」と「物語の展開」の2つに重点をおいて書いてはどうでしょうか。「登場人物の性格」を考えることで、その登場人物の行動や言葉を意識して書くことになります。「物語の展開」では、①物語の始まり②出来事の起こり③出来事の解決④物語の結びの中で、登場人物の気持ちの変化を考えながら書くことにつながります。これは、「読むこと」と密接に関係していることです。だからこそ、中学年では、出会う物語を生かしつつ、物語を書くような単元にしていくことを考えていきたいです。

　ここでは、第4学年「物語創作」の単元における指導の工夫と評価について紹介します。

第4学年「不思議な世界を体験しよう」

1．単元目標
相手や目的を意識して、登場人物の性格や特徴、関わりについて設定し、ファンタジーの物語を書くことができる。

2．単元の評価規準

知識・技能	思考・判断・表現	主体的に学習に取り組む態度
①様子や行動、気持ちや性格を表す語句の量を増し、文章の中で使っている。(1)オ	①「書くこと」において、相手を意識して、経験したことや想像したことなどから書くことを選び、集めた材料を比較したり分類したりして、伝えたいことを明確にしている。B(1)ア ②「書くこと」において、書く内容の中心を明確にし、内容のまとまりの段落をつくったり、段落相互の関係に注意したりして、文章の構成を考えている。B(1)イ	①これまでに学習したことや創作経験を振り返って学習活動を明確にし、学習の見通しを持って、粘り強く文章の構成を考えて、物語を書こうとしている。

3．単元の指導計画

時	学 習 活 動	評価規準・評価方法等
1	1．ファンタジーの物語構成について既習や児童が知っている物語をもとに捉える。	・今までの物語を確認する

	2．物語を書くことの見通しをもつ。	[思・判・表①] **行動・学習シート** ・登場人物の性格や登場人物の関係について考えたことをまとめたものの確認
2	3．物語の構想を練る ①登場人物	
3	②構成	[思・判・表②] **行動・学習シート** ・物語のファンタジーの構成を意識し、メモにまとめたものについて分析と確認
4 5	4．物語を書く	
6	5．推敲する。	[知・技①] **物語の記述** ・登場人物の様子や行動を表す語句を文章の中で使っているか確認
7	6．書いた物語を互いに読み合い、よく分かるように書けていたところなどを伝え合う。	
8	7．単元の振り返りをする。	

①指導に生かす評価 「既習の物語を振り返る」

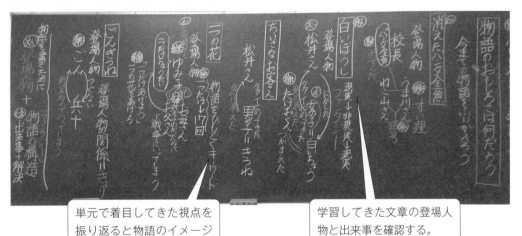

単元で着目してきた視点を振り返ると物語のイメージをもちやすくなる。

学習してきた文章の登場人物と出来事を確認する。

　何もないところから「物語を書きたい」という思いは生まれません。特に、物語の創作は、読書経験が豊かで楽しみに感じる児童と苦手意識を強く感じる児童の差が大きく表れる言語活動です。そのような差を埋めるために、今までの学習経験や読書経験を思い出すことを工夫したいです。「こんな物語あったら面白そう」「私ならこういう登場人物にしてみたいな」と思うところからスタートするのがよいのではないでしょうか。

低学年でも触れたように、物語を書くためには、今まで読んできた物語を振り返ることが大切です。読んできた物語の何が面白かったのかを思い出します。「登場人物」「物語の展開」「キーワード」などそれぞれ学習したことをもとに読み手としての物語の面白さを振り返ることが書きたいという意欲につながります。主人公やその他の登場人物がそれぞれの役割をもっていたり、冒頭部に状況や登場人物が設定されていたりします。また、出来事（事件）とその解決が繰り返され発端から結末へと至る展開というのは「読むこと」にも関連しています。そのため、「読むこと」で学んだことを引き出すことが物語の創作においては大きな手立てとなると考えられます。

②記録に残す評価　「登場人物の設定を考える」　B書くこと⑴アの場合

　指導事項アに関しては、「主人公やその他の登場人物がそれぞれの役割」を明確にしていくことが大切になります。物語を書く際には、登場人物について想像を広げ、「性格（プラスな面とマイナスな面）」「他の登場人物との関わり」「特徴（得意なこと）」などを集めることが大切です。

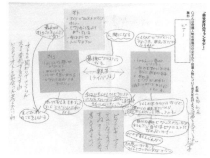

　右のワークシートでは、付箋紙に登場人物の名前や性格を示し、矢印を用いて登場人物同士の関わりをまとめていくようにしてあります。

　どのような関わりの変化や気持ちの変化が起こるのかイメージしやすいようにしていきましょう。

　児童には既習の物語をもとに、「主人公は物語の中で心情が大きく変化すること」「主人公の気持ちの変化に関わる登場人物がいること」「主人公を支える人物がいること」を確認し、それをもとに想像を広げられるようにしていきます。これは物語を実際に記述するときまで、付け加えたり、変更したりしていくことを続けていけるようにします。

> 評価の仕方
> 　評価の視点は2つ。1つ目は、<u>どれだけ想像を広げ、書きたいことを明確にしたかという点</u>です。これはワークシートの確認及び分析が必要です。2つ目は、ここで広げたことをもとに物語を記述する際、<u>登場人物の性格などを考慮し、言葉遣いや行動を書き表す</u>ことができたかという点です。実際に物語の記述をするとき、登場人物の性格や心情の変化のどの部分に着目して、表現していくのかを分析していきます。

③主体的に学習に取り組めるように　　友達との考えの共有を自分たちから求めていく姿へ

ファンタジーを通して、登場人物が苦手な部分を克服していくようにしたいんだけど、どうかな？

いいと思うよ。苦手なことが３年生にとってもわかりやすいものにするとよりおもしろく感じてもらえると思うよ。

　日常的に、友達と考えを共有し合うことを大切しています。すると、想像が広げられなくなった時やこれでよいかなと悩んだときに互いにアドバイスし合うことで、より想像を広げるきっかけを一人一人得ることができます。友達と考えを共有することが自分にとってメリットがあると知っていると自ずと交流を求めるようになります。

　本単元では「物語を書く」相手を３年生にすることで、互いに考えを交流し、共有しやすいような状況を作りました。なかなか想像を広げられない児童もいます。その児童も友達からアドバイスを求められることが分かっているので安心して活動に参加することができます。

　「書くこと」は、個々の活動になります。個々の活動で終始してしまっては、教室での学びの意味がなくなってしまいます。児童は、友達との交流を求めています。「記録に残す評価」の場面と関連付けながら、考えを共有する交流を位置付けていくことも指導の工夫につながるのではないでしょうか。

世界に目を向けて意見文を書こう

東京書籍6年

1 単元の目標

　自分の考えが伝わるように文章の構成や展開を考えて、意見文を書いたり、それを読んで感想や意見を伝え合ったりすることができる。

2 単元で取り上げる言語活動

　児童労働やフェアトレード問題についての認識を深め、説得力のある意見文を書く。…B(2)ア

3 単元の評価規準

知識・技能	思考・判断・表現	主体的に学習に取り組む態度
①文章の構成や展開、文章の種類とその特徴について理解している。((1)カ)	①「書くこと」において、文章全体の構成や書き表し方などに着目して、文や文章を整えている。(B(1)オ) ②「書くこと」において、文章全体の構成や展開が明確になっているかなど、文章に対する感想や意見を伝え合い、自分の文章のよいところを見付けている。(B(1)カ)	①粘り強く、自分の考えが伝わるように文章全体の構成や展開を考えようとし、学習の見通しをもって意見文を書こうとしている。

4 「指導と評価の一体化」の視点からのポイント

　これまで説明的な文章の学習において、筆者の文章の構成や展開について読み解いていく学習をしてきた。その中で、客観的な情報（資料）と主張との関連が、読み手にどういった効果を与えるのかについて認識を深めてきた。幅広い相手に対して主張する場合には、揺るぎない事実が示された資料を取り扱う展開にすると説得力が増すことや、限定的な相手に主張する場合には、事実を述べながら呼びかけるような展開にすると読み手を納得させることができる文章になるということを捉えてきた。

　本単元では、児童労働やフェアトレードについての認識を深め、説得力のある意見文を書くという言語活動を設定し、文章の構成や展開について重点的に指導する。また、書いた意見文を推敲する活動を通して、文章全体の構成や展開が明確になっているか確認したり、文章に対する感想や意見を伝え合ったりしながら、自分の文章のよいところを見付けることができるように指導していく。

　これまでに読む領域で学習してきた内容を書く領域でも生かすために、誰に向けて意見文を書くのかという相手意識をもたせた上で、どういった情報（資料）を選択し、主張とどのように関連させるのかという部分を児童に意識させる。そうすることで、文章の構成や展開を考えることに必要感が生まれることを期待している。以上のような観点を評価するために、本事例では、ワークシートを用いて学習を進める。文章の構成や展開、客観的な情報（資料）の選択意図、書き方の変容などについて記述させることによって評価する。

単元の流れ（全8時間）

時	学 習 活 動	指導上の留意点	評価規準・評価方法等
1・2	○給食の献立を通した食育「フェアトレード問題を知ろう」をきっかけとして、フェアトレードに関する認識を深める。 ○複数の情報を関連付けて、児童労働やフェアトレードに関する自分の主張を形成し、意見文を書く見通しをもつ。	・農林水産業に関わる児童労働とフェアトレードの話題をきっかけとして、フェアトレードについての認識を深めるために、複数の情報を関連付けて考えるようにする。 ・教科書掲載資料と合わせて「法人フェアトレードラベルジャパン」の資料を提示し、活用を進める。 ・自分の立場を明確にして、主張を形成することを確認する。	・複数の情報を関連付けて、自分の考え（主張）を形成する。
3・4	○自分の主張を伝えたい相手を設定し、文章の構成や展開、取り扱う客観的な情報（資料）について考える。 ○自分の主張が伝わるように、書き方を工夫して文章（下書き）を書く。	・意見文の構成には、「頭括型」「尾括型」「双括型」があるという既習内容を振り返ることで、内容面だけでなく形式面も意識できるようにする。 ・客観的な情報（資料）が主張の根拠になっているか検討することを進める。 ・読み手（相手）を意識して、客観的な情報（資料）と主張をどのように関連付けていくのかを意識するように促す。	・目的や意図に応じて、情報を分類したり関連付けたりして考えを明確にする。 [知識・技能①] **ワークシート/下書き** ・自分の目的や意図に応じた文章の構成や論の展開を選択しているかの確認。
5・6・7	○自分の主張が読み手に明確に伝わるように、文章を整える。 ○互いの文章を読み合い、感想や意見を伝え合う。 ○自分の主張がより明確に相手に伝わるように文章（清書）を書く。	・文章全体を見て、内容に一貫性があるか、目的や意図に照らして適切な構成や内容になっているかなどといった推敲の観点を指導する。 ・必要に応じて、資料を変更したり追加したりすることを助言する。 ・書き手の意図を踏まえた上で文章を読み合い、目的や意図に応じた文章構成になっているかなどについて、具体的に感想や意見を述べ合うことを指導する。 ・友達の意見文のよいところを自分の文章にも生かすことを進める。	[思考・判断・表現①] **下書き/ワークシート** ・推敲の観点を生かして文を整えているかの確認。 ・推敲の観点を基に、文章構成や展開などについて意見や感想を伝え合う。 [主体的に学習に取り組む態度①] **ワークシート/清書** ・粘り強く試行錯誤しながら書き表し方を工夫したかの確認。
8	○互いの文章に対する感想や意見を伝え合い、自分が書いた意見文のよさを見付けることで、本単元全体の学習を振り返る。	・説得力のある意見文を書くために、書き表し方をどのように工夫したのかを振り返ることで、自分の文章のよさを見付けられるようにする。 ・互いの意見文（清書）を読み合い、文章の構成や展開、表現の工夫などについて感想や意見を伝え合うよう指導する。	[思考・判断・表現②] **ワークシート** ・推敲の観点を基に、互いの意見文に対する感想や意見を伝え合い、自分の文章のよさを見付けられているかの確認。

<table>
<tr><td>

1~2
時間目

</td><td>

1　第1・2時の目標

・児童労働やフェアトレードの認識を
　深め、自分の考え(主張)を形成する
　ことができる。

・自分の考え（主張）が伝わるように
　文章の構成や展開を考えて、意見文
　を書くという学習の見通しを立てる
　ことができる。

</td><td>

2　中心となる活動

・教科書に掲載されている例文や資
　料を読み取り、児童労働やフェア
　トレードについて知る。

・複数の情報を関連付けながら、自
　分の考え（主張）を形成する。

</td></tr>
</table>

3　見取りの視点

　「フェアトレードとは何か？」ということを提示し、自分の考え（主張）を形成することをねらいとしている。複数の資料を関連させながら考えることで、児童労働に関する話題まで認識を広げていけるようにしたい。

　自分の主観や印象だけで考えるのではなく、複数の情報を基にして立場を明確にしたり、考え（主張）を形成したりしているかをワークシートの記述から見取る。

4　児童の姿と教師の評価・手立て

　教科書に掲載されている例文や資料に合わせて、「食育」で使用された資料と実際のフェアトレード製品（特定非営利活動法人フェアトレードラベルジャパンの資料）を提示した。

　初めは、教科書に掲載されている資料を中心に自分の考え（主張）を形成しようとしている姿が見られたが、考え（主張）の方向性が形成されるにしたがって、「食育」や「フェアトレードラベルジャパン」の資料を取り入れるなど、複数の資料を関連付けながら考え（主張）を明確にしていく様子が見られた。

児童の記述

フェアトレードを広めることによって、児童労働で苦しむ子供たちを救いたい。	世界の貧しい国や家庭を救うことができる仕組みであるフェアトレードに、もっと目を向けてほしい。	フェアトレード製品は、とても身近にあるものなので、興味をもって製品を買い、発展途上国を応援したい。

5　教師の省察（振り返り）

・複数の情報を取り扱うことで、事実に基づく考え（主張）の形成につながった。教科書に掲載されている資料だけでなく、「食育」や「法人フェアトレードラベルジャパン」に関する資料を提示したことが効果的であったと感じた。

・主張の根拠となる情報（資料）が不足していると気付いた場合には、図書室やインターネットを活用して情報（資料）を収集し、自分の考えと関連付けながら、より明確な主張となるように考えをめぐらせている姿が見られ、本単元の学習に前向きに取り組もうとする児童の意欲を感じ取った。

・自分の考え（主張）が形成できない児童に対しては、各資料から読み取れる情報内容について確認し、それぞれの情報に対して、「どのような印象を抱いたか？」という問いかけを繰り返すことで、自分の立場を明確にしたり、考え（主張）を形成したりすることができるように促した。

116

1 本時の目標

・自分の主張を伝えたい相手（読み手）を設定し、文章の構成や展開、取り扱う客観的な情報（資料）について考えることができる。

2 中心となる活動

・段落ごとの内容や取り扱う客観的な情報（資料）について考える。

3 見取りの視点

　相手（読み手）を設定して、自分の考え（主張）が伝わるような文章の構成や展開について考える時間となる。これまでの既習内容を生かしながら、読み手に自分の考え（主張）を伝えるために適切な文章の構成や展開を考えているかをワークシートの記述を基に見取る。また、文章で取り扱う客観的な情報（資料）の関係を整理することによって、自分の考え（主張）をより明確にしたり、どういった情報（資料）が自分の考え（主張）の根拠になるのかを検討したりするようにしていきたい。

4 児童の姿と教師の評価・手立て

　既習事項である「頭括型」「尾括型」「双括型」の構成や説明的な文章で学習してきた客観的な情報（資料）と主張との関連など、これまでの学習を振り返る。そうすることで、「書く」領域の孤立した学習ではなく、「読む」領域とつながりのある学習になることを確認する。

フェアトレードのことを知らない人に向けて書こう。

フェアトレード製品を買ったことがない人に向けて書こう。

児童労働のことを知らない人に向けて書こう。

フェアトレードにあまり興味のない子供や若い人に向けて書こう。

学習を進める中で変えたい部分があったら、変えてもOKです。説得力のある意見文になるように文章の構成や展開、取り扱う情報について考えていきましょう。

頭括型で、初めに自分の考えをはっきり書いてみようかな。

序論で問いかけて、結論で主張を書く尾括型で書こうかな。

序論と結論で主張を書く双括型で、伝えたいことをはっきりと書こうかな。

本論に、子供にも分かりやすい資料を載せて、呼びかけるように書きたいな。

フェアトレードの仕組みについての資料を使って、活動の流れについて詳しく書いていこう。

製品の写真やロゴを使って、他の製品との見分け方を書いていこう。

働いている子供の割合を示したグラフと写真を使って書いていこう。

写真やイラストを使ったり、グラフを並べて比較したりしながら書いていこう。

5 教師の省察（振り返り）

・前時までに形成した自分の考え（主張）を意識せずに相手（読み手）を設定してしまっている児童の姿も見られた。そういった場合には、「自分が伝えたいことを知ってもらって、相手にどう思ってもらいたい？」と問いかけ、自分の考え（主張）を伝えるべき相手のことを考えるように促した。その結果、曖昧な幅広い相手を対象に設定していた児童も、対象を自分の考え（主張）を伝えるべき相手に変更したり、対象を限定したりする姿が見られた。

・本論で取り扱う客観的な情報（資料）について悩んでいる児童に対しては、「客観的な情報（資料）が自分の考えを支える根拠になっているかな？」と、情報（資料）と主張との関連について考え、適切な情報（資料）を選ぶように促した。

記録に残す評価の時間　知識・技能の評価①(1)カ

1 本時の目標

・自分の主張が伝わるように書き方を工夫して、意見文（下書き）を書くことができる。

2 中心となる活動

・自分の考え（主張）の説得力を高める文章の構成や展開について考え、意見文（下書き）を書く。

3 主な評価

　前時までに考えた自分の考え（主張）の説得力が高まるような文章の構成や展開を基に、意見文（下書き）を書く時間となる。「どういった文章の構成や展開で書いたのか」についてワークシートの記述と意見文（下書き）を基に評価する。

4 児童の姿と教師の評価・手立て

 説明的な文章の学習で、揺るぎない事実を取り扱う展開を絶対的事実、事実を基に呼びかけていくような展開を共感的事実と名付けたね。論の展開を考えるときに、これらの既習内容を生かしていきましょう。

【Bの状況】自分の考え（主張）が伝わるように文章の構成や展開を工夫して、意見文（下書き）を書いている。

児童労働を身近な問題として感じてもらうためにはどうしたらよいかな!?

序論	児童労働に関する問題提示
本論	児童労働で苦しむ子供たちの実態
結論	苦しむ子供たちを助けたい（主張）

【尾括型】

本論で、実際に働いている子供の割合を示したグラフと小さな子供たちの写真を使うことによって、児童労働の現状を知ってもらえるように書いたよ。

フェアトレード製品を買ってもらうためにはどうしたらよいかな!?

序論	フェアトレード製品を知っているか問いかける
本論	身近にあるフェアトレード製品とロゴを紹介
結論	フェアトレード製品を買いましょう（主張）

【尾括型】

本論で、資料と関連付けてフェアトレード製品がコンビニにも売っているということを示して、より身近に感じてもらえるように書いたよ。

【Aの状況】読み手を意識した文章の構成や展開になるように工夫して、意見文（下書き）を書いている。

子供や若い人たちがフェアトレードの取り組みに協力してもらうためにはどうしたらよいかな!?

序論	フェアトレードに協力してください（主張）
本論	フェアトレードのよさと課題について
結論	苦しむ子供たちを助けるために、フェアトレードに協力してください（主張）

【双括型】

書き出しで「フェアトレードに協力してください」といきなり書くことで、『フェアトレードって何?』とフェアトレードを知らない子供や若い人たちにも興味をもって思ってもらえるように書いてみたよ。
本論では、フェアトレードの取組の素晴らしさだけでなく、値段が高いという課題もあることを書いたよ。買うなら安い方がよいけど、苦しんでいる子供たちを助けるために必要な取り組みであることを知ってもらうことで、少しでも多くの人に協力してもらえるような内容にしたよ。
結論に、全体のまとめと考え（主張）を書くことで、より強い印象を読んでいる人に与えられるように書いたよ。

【Cの状況】 自分の考え（主張）の根拠を示すような展開で書けず、事例紹介になってしまっている。

フェアトレードを多くの人に知ってもらうためにはどうしたらよいかな!?

序論	フェアトレードを知っていますか？
本論	フェアトレードについて
結論	フェアトレードを広めていきましょう。（主張）

【尾括型】

本論が資料の内容と同じになっちゃうな。

序論	フェアトレードを知っていますか？
本論	フェアトレードを広げていくためにできること
結論	フェアトレードを広めていきましょう。（主張）

【尾括型】

本論で、資料を使ってフェアトレードのよさについて書いたよ。そして、お店にポスターを張ってフェアトレード製品の売り場が分かるようにする提案も書いてみたよ。

資料の内容を書き写すだけでなく、「なぜ、フェアトレードを広めたいと思ったのか」を書けるとよいですね。また、フェアトレードを広めていくために有効な手立ては何だと思いますか？本論では、フェアトレードの紹介だけでなく、広めていく手立てを具体的に書いてみましょう！

5 教師の省察（振り返り）

・下書きを書く前に、「『なぜその書き方にするのか？』ということを大切にしてほしい。」ということを児童に伝えた。その結果、文章の構成をより意識して、段落ごとの内容や情報（資料）が自分の考え（主張）の根拠となる展開になっているか確認しながら意見文（下書き）を書く児童の姿が多く見られるようになった。

・客観的な情報（資料）と自分の考え（主張）を関連させた展開を考えている児童をBの状況とした。前時までの考え（主張）を形成する場面において複数の資料を読み取っていたことは、自分の考え（主張）に適した情報（資料）を考える活動に効果的であった。

・自分の考え（主張）が読み手の印象に残るように書き出しを工夫したり、結論に全体のまとめを書いたりするなど、読み手が理解しやすいような文章の構成や展開で書いている児童をAの状況とした。

・本論の内容が情報（資料）の内容を書き写してしまっている児童（Cの状況）の様子が見られたため、客観的な情報（資料）と主張を関連付けて、伝えたいことを明確に書けているか見直すことを促すとともに、次時の推敲の観点の1つとして取り上げていくことにする。

・本論の内容が多くなりすぎてしまう児童の姿も見られた。そのため、設定した相手（読み手）によって簡単に書いた方が効果的な部分はないかということを推敲の観点の1つとして取り上げていくことにする。

・ワークシートに「ここでは、絶対的事実を意識した論の展開にする」「共感的事実の展開にして、身近に感じてもらおう」といった記述が見られ、説明的な文章の学習で捉えた論の展開を基に、自分の考え（主張）が伝わるように書き方を工夫している姿が見られた。

〔記録に残す評価の時間〕 **思考・判断・表現の評価①B(1)オ**

① **本時の目標**

・自分の考え（主張）が、より明確に読み手に伝わるように、文章を整えることができる。（自己推敲）

② **中心となる活動**

・「推敲の観点」を基に、自分が書いた文章を整え、よりよい文章にする。

③ **主な評価**

　下書きした意見文を推敲する時間となる。推敲の観点を生かしながら、自分の考え（主張）が相手（読み手）により明確に伝わるように、文章の構成や展開、客観的な情報（資料）と主張との関連を自分で見直すことで、文章を整える。下書きへの書き込みやワークシートに記述された内容（推敲した部分とその意図）を基に評価する。

④ **児童の姿と教師の評価・手立て**

> 【推敲の観点】
> ○内容に一貫性があるか。（筋道の通った文章の構成や展開になっているか。）
> ○目的や意図に応じて、客観的な情報（資料）と主張を関連付けて、伝えたいことを明確に書けているか。
> ○設定した相手に応じて、簡単に書いたり詳しく書いたりした方がよい部分はあるか。

　下書きした文章を最初から書き直すのではなく、自分の考え（主張）が相手（読み手）にしっかり伝わるような文章になるように推敲する認識をもって取り組むようにする。

> 字の間違いや文章の書き方があっているか確認すればよいのかな？

> 誤字脱字のチェックも大切ですね。
> それにプラスして、推敲の観点を基に、自分の考え（主張）が相手（読み手）にしっかり伝わる意見文の構成や展開になるように推敲してみましょう！

> 「推敲」と聞いて、誤字脱字の確認をする児童の姿が多く見られた。誤字脱字の確認は推敲の1つであることを伝え、その他の文章を整えるための推敲の観点も意識して取り組むように促した。

【Bの状況】 自分の考え（主張）がより明確に相手（読み手）に伝わるように文章の構成や展開、内容を推敲している。

> 本論①「フェアトレードの紹介」と本論②「児童労働問題」の順番を変えてみよう。

> 使っている資料を見てもらえば、内容について理解してもらえるから、資料の説明をしている文章をカットしてみよう。

> 情報（資料）の後に自分の考えをしっかりと書こう。

> 初めに児童労働について取り上げることで、読み手により強い印象を与えられるし、自分の主張もより明確になる。

> 今回の資料は見てもらえば内容が分かるものを使っているから、資料と自分の考え（主張）の関連を詳しく書いた方が、相手（読み手）に伝えたいことがより明確になる。

> 資料を並べる展開にすることで、説得力を高めようとしたけど、フェアトレードの紹介で終わってしまっていたから、自分の考えを書くことで、伝えたいことを明確にする。

頭括型で書いていたけど、双括型にしてみよう。

序論と結論で自分の考えを書くことによって、読み手により強く自分の主張を伝えることができるようになる。

本論①と②で使っている資料の内容が似たものになっているから、変えてみよう。

本論①と②で同じようなことを書いても説得力は高まらないから、別の根拠を書くことによって説得力を高めていく。

同じ文末が続いているから、内容によって文末を変えてみよう。

資料から分かる事実は「～である。」自分の考えは「～だろう。」にして、事実と意見を区別した書き方にする。

【Aの状況】 相手（読み手）が受け取る印象にまで考えを広げ、自分の考え（主張）を強調するために必要な情報（資料）や内容が書かれた文章になるように推敲している。

フェアトレードが広まれば、児童労働が解消できるような印象を抱かれてしまうから、フェアトレード以外の取り組みを紹介する資料を追加しよう。

フェアトレード以外にも、UNICEFやSDGsの資料を追加することで、苦しんでいる子供たちを救うための取り組みがたくさんあることを知ってもらう。そうすることで、フェアトレードは児童労働を解消するための手段の１つであることを強調できる。

【Cの状況】 自分が書いた文章を客観的に見直すことができない。

どこをどうすれば、説得力のある文章になるのかな？

段落ごとに、どういった内容を書いたのかタイトルをつけて、自分の論の展開について見直してみよう！

本論②の内容が、自分の主張の根拠になっていないから変えてみよう。

自分の主張に対する根拠を複数書くことによって、説得力を高めることができる。

5　教師の省察（振り返り）

・推敲の観点を提示することによって視点が明確になり、自分が書いた下書きを客観的に見直す児童の姿が見られた。

・推敲の観点を基に、文章の構成や展開を見直したり、客観的な情報（資料）を捉え直したりするなど、自分の考え（主張）がより明確に相手（読み手）に伝わるように推敲している児童をBの状況と評価した。

・自分の考え（主張）に対する相手（読み手）が受ける印象やズレを想定して、必要な情報（資料）や内容が書かれた展開になるように推敲している児童をAの状況と評価した。

・自己推敲だけでは、実際に相手（読み手）にどのように伝わるのか不安な点が残るため、「友達の意見を聞きたい」という声があがり、次時の相互推敲につなげていった。

1 本時の目標

・互いの意見文を読み合い、感想や意見を伝え合う活動を通して、よりよい文章になるように整えることができる。（相互推敲）

2 中心となる活動

・互いの意見文を読み合い、文章の構成や展開について感想や意見を伝え合う。

3 見取りの視点

前時の自己推敲で取り組んだ推敲の観点を基に互いの意見文を読み合い、目的や意図に応じた文章の構成になっているか、書き手の考え（主張）が読み手に伝わるかなどについて、具体的に感想や意見を伝え合う。ワークシートに記述された内容（友達から得られた推敲ポイント）や相互推敲の振り返りを基に児童の取り組み内容を把握する。

4 児童の姿と教師の評価・手立て

「書いていること」（内容）だけでなく、「書き方」（形式）にも着目して、互いの文章を読み合うように促した。また、友達の意見文の改善点だけでなく、自分も真似したいと思えるよい部分を伝え合うことも視点の1つとした。

「『みなさん』ではなく、『あなた』に変えた方が、自分の考えが伝わる」という意見をもらいました。

「あなた」にすることで、1対1で話しているような展開になるから、読み手に「自分も関係している」と思ってもらえると感じました。

推敲前
みなさんは、世界でどれくらいの子供が学校に行けず、働かされているか知っていますか？
推敲後
あなたは、世界でどれくらいの子供が学校にも行けず、働きながら貧しい暮らしをしているか知っていますか？

「フェアトレードの仕組みとフェアトレード製品について、より具体的に説明した方が自分の考えが伝わる」という意見をもらいました。

フェアトレードとフェアトレード製品について、より具体的に書くことにしました。

推敲前
フェアトレードとは貿易の仕組みのことで、フェアトレード製品とはその貿易をする物のことです。
推敲後
フェアトレードとは、作る人の生活や環境を考え、サポートする公平な貿易の仕組みのことです。 フェアトレード製品とは、サポートされた人が作った物のことです。サポートされる人は、主に発展途上国の人です。

5 教師の省察（振り返り）

・相互推敲を通して、自分では気付けなかった視点や、友達のよい部分を自分の文章でも活用したいと思ったりするなど、意見文（清書）を書くことを前向きに捉えている児童の姿が見られた。

・推敲の観点が広く、自己推敲と相互推敲を通して多すぎる視点がワークシートに書かれている児童の姿も見られた。そのため、清書する際に「推敲した内容をすべて生かすのではなく、自分の文章に合うと思うものを選んで書くこと」を伝え、次時の学習へとつなげていった。

7
時間目

記録に残す評価の時間　**主体的に学習に取り組む態度の評価**

1　本時の目標

・前時までの学習内容を生かし、粘り強く試行錯誤しながら意見文を清書している。

2　中心となる活動

・自分の考え（主張）がより明確に相手（読み手）に伝わるように、意見文の清書を書く。

3　主な評価

　推敲した内容を整理して、意見文の清書を書く時間となる。自己推敲や相互推敲を通して得られた様々な視点から、自分の考え（主張）がより明確に相手（読み手）に伝わるようにするために、何を取り入れるべきなのか試行錯誤しながら、意見文を完成させていく様子を見取る。また、これまでの学習を生かしながら見通しをもって学習に取り組み、意見文を完成させる課程をワークシートの記述と意見文（清書）を基に評価する。

4　児童の姿と教師の評価・手立て

【Bの状況】推敲した内容から、自分の意見文に合う部分を選び、生かしながら文章を完成させようとしている。

【Aの状況】清書を書く中で生まれた新たな課題とも向き合いながら、最後まで粘り強く自分が納得する文章を完成させようとしている。

今回は、説明の順番を変えることと文末の描き方について推敲した部分を意識して清書を書いていこう。

資料と自分の考え（主張）を関連付けて、呼びかけていく内容に変えて清書を書いてみよう。でも、そうすると本論①と②の順番が逆の方が自分の考えが強調できるような気がするな…。今回は、そこも逆にして書いてみよう。

【Cの状況】推敲した内容をすべて取り入れたことで主張したい内容が曖昧になり、文章がまとまらない。

友達が使っていた資料も使って、反対の意見も取り入れて書いた方がよい文章になるのかな？

たくさんの要素を入れすぎると、複雑で分かりにくい文章になってしまうよ。自分の考えを伝えるためによいと思う部分を生かしてみよう。

今回は、友達が使っていた資料のよい部分を使って、自分の考え（主張）に対する根拠を増やして、説得力のある文章を書こう。

 ➡

5　教師の省察（振り返り）

・ワークシートに考えたことや気付いたことを記入しながら学習を進めてきたことで、自分が考えてきた文章の構成や展開、推敲した内容を振り返りやすくなった。何度もワークシートを見返し、清書を書く児童の姿が見られた。

・推敲した内容のどの部分を生かすべきか考えたり、本単元で学習した推敲の観点を基に文章を適宜見直したりするなど、自分の考え（主張）が相手（読み手）に伝わるような構成や展開の文章に仕上げようと試行錯誤している児童をBの状況とした。

・意見文（清書）を書く中で生まれる新たな課題に対して、文章全体の構成を見直したり、展開を変更したりするなど、試行錯誤を繰り返しながら、自分の考え（主張）が相手（読み手）により明確に伝わる文章になるように粘り強く取り組んでいる児童をAの状況とした。

記録に残す評価の時間　思考・判断・表現の評価②B(1)カ

1　本時の目標

・推敲の観点を基に、互いの意見文に対する感想や意見を伝え合い、自分の文章のよさを見付けることができる。

2　中心となる活動

・推敲前後の文章を見返したり、友達と文章に対する感想や意見を伝え合ったりしながら、自分が書いた意見文のよさを見付ける。

3　主な評価

　本単元の学習を通して書いた文章に対する感想や意見を伝え合い、自分の文章のよさを見付ける時間となる。互いに書いた文章を読み合い、目的や意図に応じた文章の構成や展開になっているかなどについて、具体的に感想や意見を伝え合う。そのやり取りを通して、自分の文章のよいところを見付ける。

　「よさ」の捉えとして、推敲を通して「自分の考え（主張）を相手（読み手）に伝えるために工夫した文章の構成や展開はどうだったか」という部分を児童自身が振り返る。ワークシート（学習のまとめ）に記述された内容を基に評価する。

4　児童の姿と教師の評価・手立て

| 【Bの状況】自分が書いた文章の構成や展開のよさに気付いている。 | 【Aの状況】互いの文章のよさを伝え合うことを通して、文章のよさだけでなく、友達が書いた文章の構成や展開の工夫のよさを認めている。 |

原因と結果のつながりを意識したり、自分の考え（主張）の根拠になる資料を使ったりしながら書いたことで、説得力のある文章になっていると思います。

複数の資料と考え（主張）を関連付けた展開にしたり、尾括型で最後に全体をまとめる構成で書いたりしたことで説得力を高められたと思います。相手（読み手）に自分の考え（主張）を印象付けるために、書き出しを工夫したり、対立する考えをあえて書いたりする展開にしてみるのもよいと思いました。

【Cの状況】自分の文章のよさを見付けることができない。

清書は書けたけれど、説得力のある文章になっているのかな？

下書きと清書を見比べて、書き方が変わることによって印象はどうなったかな？

本論①と②を入れ替えたことによって、相手（読み手）に自分の考え（主張）をより印象付ける展開の文章になったと思いました。

5 教師の省察（振り返り）

・意見文の下書きと清書を比較したり、書いた文章に対する感想や意見を伝え合ったりすることを通して、自分が書いた意見文の構成や展開についてのよさを振り返っている児童をＢの状況とした。書いた内容だけでなく、推敲の観点を基に感想や意見を伝え合ったことで、文章の構成や展開に着目しながら振り返ることができた。

・推敲の観点を基に、互いの意見文に対するよいところを見付けて伝え合うことを通して、自分と友達の文章の構成や展開の工夫の違いを明らかにしたり、互いのよさを認め合ったりする内容の振り返りをしている児童をＡの状況とした。

・書き上げた文章のよさを実感することができない児童（Ｃの状況）に対しては、下書きと清書を比較し、文章の構成や展開によって相手（読み手）が受ける印象の違いについて考えるように促した。そうすることで、自分が書いた文章の構成や展開についてのよさに気付き、振り返ることができた。

・文章の構成や展開ではなく、段落ごとに書かれている内容のみに着目して感想や意見を伝え合っている児童の姿が見られた。そのような場合には、第５時で示した推敲の観点を再度確認することで、文章の内容だけではなく、構成や展開にも着目して感想や意見を伝え合うことができるようになった。

○単元を通しての振り返り

　本単元では、自分の考えが伝わるような文章の構成や展開を考えるために、ワークシートを用いて学習を進めていった。ワークシートへの記述は、段落ごとの内容や客観的な情報（資料）と自分の考えとの関連を確かめながら文章の構成や展開を考えていくときに役立った。また、推敲する場面でも、文章の構成や展開を変えた理由を記入することによって、自分がどのように文章を推敲していったのかを記録に残し、振り返ることができた。さらに、書いた意見文に対する感想や意見を伝え合う場面でも、記述した内容を基に取り組むことで、文章の構成や展開に着目しながら意見交流をすることができ、自分の書いた文章のよさを見付けることにつながっていった。

　これまで児童は、「読み手」としての立場から書き手の文章の構成や展開について読み解いていく学習に取り組んできた。そこに、本単元で得た「書き手」の立場から考える学習活動を加えることによって、表現の工夫に、より着目して読むことができるようになると考えている。さらに、「書き手」の立場から考えることによって、書き手の表現方法の上手さを感じたり、自分自身の文章に生かしたい部分が見つかったりすることも考えられる。

　自分の考えを表現する学習は、話す・聞く領域と関連させていくことが効果的であると考えている。

授業における
「指導と評価の一体化」

領域
読むこと

『やくそく』を教材とした低学年の実践では、音読を通して登場人物の行動を具体的に捉える力を育んでいます。『ウナギのなぞを追って』を教材とした中学年の実践では、中心となる語や文を見つけて要約すること、要約文を読み合う中で一人一人の感じ方に違いがあることに気付くことを目標にしています。高学年の教材は、『大造じいさんとガン』です。この実践では、優れた描写や表現を人物像に結びつけ、物語の魅力に深く迫ろうとしています。

読むことの学習では、言語活動に即し、着目すべき叙述を授業者がしっかりと理解しておくことが大切です。地道な教材研究が児童の発言や記述の見取りにつながり、言葉ひとつにこだわる児童の姿に結びつくことがよく分かる実践です。

やりとりをくわしくそうぞうして、おんどくしよう
教材名 『やくそく』

光村図書1年上

① 単元の目標

　登場人物同士のやりとりの様子を思い浮かべて音読することを通して、場面の様子に着目して、登場人物の行動を具体的に想像することができる。

② 単元で取り上げる言語活動　物語の登場人物になりきって音読したり演じたりする。

…C(2)イ

③ 単元の評価規準

知識・技能	思考・判断・表現	主体的に学習に取り組む態度
①文の中における主語と述語との関係に気付いている。((1)カ)	①「読むこと」において、場面の様子や登場人物の行動など、内容の大体を捉えている。(C(1)イ) ②「読むこと」において、場面の様子に着目して、登場人物の行動を具体的に想像している。(C(1)エ)	①学習課題を意識して、粘り強く取り組む中で、場面の様子や登場人物の行動など、内容の大体を捉えたり、場面の様子に着目して、登場人物の行動を具体的に想像したりしようとしている。

④ 「指導と評価の一体化」の視点からのポイント

　児童はこれまでに、『おおきなかぶ』『おむすびころりん』を読んできた。そこでは、ともに繰り返しの構造や表現に着目しながら音読する中で、作品中の共通と相違を見付けたり、場面の様子や登場人物の行動を具体的に想像したりすることを学習した。日常の読書においても、繰り返しになっている箇所に気付いたり、登場人物の行動を具体的に想像したりしながら、物語を読むことを楽しんでいる児童が多く見られる。一方で、複数の登場人物が互いに会話を重ねながら展開するような作品を読んで、内容の大体を捉えたり、登場人物同士のやりとりを具体的に想像したりするような学習は経験していない。

　そこで、本単元では、登場人物同士が互いにやりとりを重ねながら出来事が展開される『やくそく』を教材に、誰と誰が出会い、何が起こり、どのような結末になったのかを捉えること、及びどのようなやりとりをしたのかを具体的に想像することを重点として、「構造と内容の把握」及び「精査・解釈」に関わる資質・能力の伸長を図ることとした。

　指導としては、それぞれの会話文について、体の向きや口調を含めて、正にその人物になりきって音読することを児童に求めていく。どこを見て、どれくらいの距離から、どのような口調や表情で言ったのか。実際に声に出して試したり、友達の読み方を聞いて理由を尋ね合ったりしながら、最も妥当だと思う音読の仕方を探していくことを、単元を通して行っていく。評価の方法としては、児童の音読表現と理由を語る発言内容から目標の実現状況を捉え、指導に生かすことが中心となる。発言が苦手な児童もいるため、音読を試している時間に、机間を回り音読を聞いて理由を尋ねたり、▷

単元の流れ（全8時間）

時	学 習 活 動	指導上の留意点	評価規準・評価方法等
1	○「やくそく」という題名から思い浮かぶことを出し合い、約束をするのは誰か、どのような約束をするのかを考えながら教師の音読を聞く。 ○出会いの感想を交流したり、既読の教科書教材と似ているところや違うところを出し合ったりする。 ○「やりとりをくわしく想像して音読する」ことが単元のめあてであることを知り、音読を繰り返す。	・事前に同作者の他作品を読み聞かせし、同じ作者がどのような作品を描いたのか関心を高める。 ・登場人物の数、繰り返しの有無など、既習の内容を手掛かりに作品を捉えさせ、学習課題を提示する。 ・一文ずつ教師に続いて、ペアで交代しながらなど、様々な方法で繰り返し全文を音読させる。	・既習の内容や既読の作品と結び付けて学習課題を確かめ、見通しをもっている ・語のまとまりに気を付けて音読している。
2	○登場人物、場所、時間、主な出来事を確かめる。 ○叙述の通りに体を動かしながら全文を音読する。	・「まいにち」「じぶんとそっくりな」「おなじ木で」など、時や場所、人物の様子に関わる語句を間違えた教師の音読を聞かせ、間違いを指摘させることで、設定を捉えることができるようにする。	[思考・判断・表現①] **発言内容の確認・ノートの記述の確認** ・登場人物の行動や主な出来事など、内容の大体を捉えているかを確認
3	○第1～3場面について、それぞれの会話文は、どの登場人物のせりふなのか考えながら音読する。 ○会話文の主をどのようにして特定したのか、理由を交流する。 ○本文中の述語にサイドラインを引き、対応する主語を色で囲む。	・地の文は前向き、「いっぴきめ」は右向き、「にひきめ」は左向き、「さんびきめ」は後ろ向きのように、会話文では登場人物ごとに体の向きを変えながら音読するよう伝える。 ・登場人物ごとに色分けして囲むよう伝える。	[知識・技能①] **音読の観察・本文中への囲みの確認** ・会話文や行動描写の主語と述語の係り受けに気付いているかを確認
4 ・ 5 ・ 6	○第1～3場面について、登場人物同士がどのような動きや口調でやりとりをしているのかを想像して会話文を音読し、理由を交流する。 ○第4場面について、それぞれの会話文は、どの登場人物のせりふなのか考えながら音読し、考えがずれたところについて話し合う。 ○第4場面について、登場人物同士がどのような動きや口調でやりとりをしているのかを想像して会話文を音読し、理由を交流する。	・「いいかえしました」「おおげんか」などの行動描写や、会話文の文末表現等に着目させ、やりとりの様子を具体的に想像できるようにする。 ・会話文の主が明確に特定できない理由についても問い、第1～3場面との主語の違いに着目できるようにする。 ・第1～3場面と第4場面の主語や会話文の文末表現の違いにも目が向くよう、対比的に板書する。	[思考・判断・表現②] **音読の観察・発言内容の確認** ・登場人物の行動や会話の様子を、具体的に想像しているかを確認 ・登場人物の行動や会話の様子を具体的に想像しようとしている。
7 ・ 8	○「この後、もし、3びきが4ひきめのあおむしに出会ったとしたら、どうなるか」について考える。 ○考えた続き話を演じたり、理由を交流したりする。	・「つぎのひ、さんびきが木のはをたべていると、どこからか・・・」という文を提示し、繰り返し構造を生かして物語の続きを考えるよう投げかける。 ・なぜそのような語句や文を続けたのか理由を含めて交流できるようにする。	[主体的に学習に取り組む態度①] **ワークシートに記述する様子・演じる様子の観察** ・登場人物の言動について、具体的に想像しようとしているかを確認

想像をさらに具体的にするための問いを投げかけたりしていくことを大切にしたい。また、音読により、ほかの資質・能力を育成することについてはP139のコラムで詳述しているので参考にしていただきたい。

1　本時の目標

・既習の内容や学習経験と結び付けながら、単元を通してできるようになることの見通しをもつ。既習の「語のまとまりに気を付けて音読する」という知識・技能を意識して、教材を繰り返し音読することができる。

2　中心となる活動

・既習の内容や学習経験と結び付けて単元の学習課題を設定する。
・語のまとまりを意識しながら、全文を繰り返し音読する。

3　見取りの視点

　作品に関心を寄せ、ゴールまでの見通しを明確にもつことは、単元を通して粘り強く、自らが主体となって学習を進めていく上で欠かせない要素である。そのため、本時では、作品そのものとの出会いを大切にし、既習とのつながりを意識して単元の見通しをもつことができるようにしたい。児童のつぶやきや発言から既習の内容が身に付いていることを価値付けつつ、さらに力を進化させる視点として単元の学習課題を提示する。また、次時以降、叙述に基づいて内容を把握したり想像したりできるよう、繰り返し音読する時間を確保するとともに、既習である「語をまとまりで捉えて読む」ことができているか、一人一人の音読をよく聞いて把握し、必要な指導を行うようにする。

4　児童の姿と教師の評価・手立て

これまで、繰り返しを見付けたり、動きを想像して音読したりしてきましたね。どんな音読ができるようになりましたか？

「うんとこしょ、どっこいしょ」が何回も出てきたけど、人が増えるから、だんだん大きくしました。

「あまいあまい」「おおきなおおきな」は、本当にそんなかぶになるように、ゆっくり言いました。

ぼくは、おじいさんは何回も引っ張って疲れてきたと思うから、疲れてるけど頑張ろうって感じで、ゆっくり大きく読みました。

声の大きさや速さを想像して音読する力がつきましたね。
『やくそく』には、たくさんのせりふが出てくるのですが、どのように音読したいですか？
（児童の反応を受けて「この単元でできるようになりたい音読」として板書。）
この単元では、あおむしさんたちの顔や言い方も詳しく想像して、音読していきましょう。

5　教師の省察（振り返り）

　事前に同作者の作品を数冊読み聞かせていたこともあり、作品そのものに関心を寄せながら出会うことができたようだ。初読の感想交流では、内容についての感想とともに、「『むしゃむしゃむしゃむしゃ』はオノマトペだ」「繰り返しでもあるよ」「『おおきなかぶ』と一緒だね」など既習を手掛かりに表現上の特徴を指摘する声もあった。学習課題を提示すると、「やってみたい」「できるようになりたい」といった反応が多くの児童から返ってきた。期待感を伴って見通しをもつことができたと思われる。一方で、語をまとまりで捉えて音読することが困難な児童もいるため、家庭での音読と併せて、楽しみながら繰り返し音読できるような場づくりを授業内外で設定したい。

記録に残す評価の時間　思考・判断・表現の評価①C(1)イ

1　本時の目標

・場面の様子や登場人物の行動など、内容の大体を捉えることができる。

2　中心となる活動

・登場人物、場所、時間、主な出来事を確かめる。
・叙述のとおりに体を動かしながら全文を音読する。

3　主な評価

　誰が何をしたのか、何を言ったのか、どのような出来事が起こったのか、結末はどうなったかなどの大体の内容を捉えているかどうかを、発言とノートの記述の両方から評価する。具体的には、登場人物の行動や場所、時間に関わる語句を意図的に間違えた教師の音読を聞いて、間違いを見付けて挙手で指摘しているか、叙述を基に、登場人物の様子や場所、時間、出来事を説明できるかを確認する。この方法の利点は、授業中に、一人一人の理解度をある程度把握し、即時的に指導に生かすことができることである。しかし、発言からのみでは全員の実現状況を把握しきれないため、ノートに登場人物名、場所、時間を記述させ、内容の大体を捉えているかを確認するようにする。

4　児童の姿と教師の評価・手立て

そこは「まいにち」じゃなくて、「あるとき」だよ。

本当だ。でも、さっきは、「まいにち木のはをたべて」と書いてありましたよ。おかしくないですか。「あるとき」なのか「まいにち」なのか、一体どっちなんでしょうか。

おかしくないよ。だって、「まいにち」していたのは、葉を食べることだけど、他のあおむしと会ったのは、1日のことだから。ここが「まいにち」だと、今日も明日も明後日も、毎日初めて会ってけんかしているってことになっちゃう。

わたしもおかしくないと思う。けんかしたのは1日のこのときだけなんだよ。

なるほど。こういうことですか。（板書で図解）では、続けましょう。もう間違えませんよ。

そこも違うよ。「けんか」じゃなくて「おおげんか」だよ。

でも、けんかしているのは同じですよね。「けんか」と「おおげんか」はどう違うのですか。隣の人と話してみましょう。

5　教師の省察（振り返り）

　「思考力、判断力、表現力等」の内容として評価するためには、その語の意味を他の叙述と関わらせて説明できるかどうか、教師の間違えた語句ではなぜ駄目なのか理由が説明できるかまで見る必要がある。授業中は、多くの児童が間違いの箇所で挙手をし、正すことができた。ペアでの説明活動では、違いを説明できない児童もいたが、友達の発言を聞いて深くうなずいている姿も確認できた。他の児童の発言は、考える手掛かりになる。授業中に「おおむね満足できる」状況になったかどうか判断に迷う児童には、授業後に個別に考えを聞くようにした。

1 本時の目標

・文の中における主語と述語との関係に気付くことができる。

2 中心となる活動

・第1〜3場面について、それぞれの会話文は、どの登場人物のせりふなのか考えながら音読する。
・各文の述語と対応する主語を、登場人物ごとに色分けしながら四角で囲む。

3 主な評価

　地の文では前向き、「いっぴきめ」のせりふは右向き、「にひきめ」のせりふは左向き、「さんびきめ」のせりふは後ろ向きというように、会話文では登場人物ごとに体の向きを変えながら音読する活動を行う。なぜその向きだと分かったのか理由を聞き合う中で、会話文前後の主語と述語に着目すればよいことを引き出す。そのうえで、会話文前後の述語にサイドラインを引かせ、それぞれ対応する主語を見付けて、登場人物ごとに色分けしながら囲むよう指示する。囲みを書き入れる様子を観察し、文中の主語と述語の係り受けに気付いているかを確認する。囲むことができない児童、または異なる色で囲っている児童には個別の支援を行う。授業後に教科書を集め、実現状況を記録に残すとともに、次時以降の指導に生かす。

4 児童の姿と教師の評価・手立て

【Bの状況と判断した児童の教科書の書き込み】

Cの状況の児童の姿
主語と述語に距離がある文や、複文構造になっている文では、述語に対応する主語を囲むことができない。

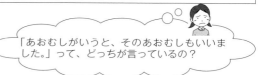
「あおむしがいうと、そのあおむしもいいました。」って、どっちが言っているの？

Bの状況の児童の姿
各文の述語に対応する主語を見付け、該当の登場人物の色で囲んでいる。

認め見守る　文中の主語と述語の係り受けに気付いていると判断できるため、Bと判断した。このような児童には、机間を回りながら、「見付けてるね。その調子！」と認め、見守るようにした。

個別に支援する　前の文から続けて音読させ、複文の箇所に入ったら、文の前半（「あおむしがいうと」）を読んだところで音読を止めるよう指示した。そのうえで、「『だめだめ。この木は…』と言ったのは、どっちのあおむしさんかな」と再度尋ねたところ、「さいしょのあおむし！」と答えることができた。「すごい！見付けられたね。どうして分かったの？」と聞くと、「だめだめ。…」のすぐ後ろに『あおむしがいうと』ってあったから」と答えた。理由まで言えたことを褒め、「じゃあ、続きも読んでみよう」と促し、二つ目の会話の主語を尋ねた。「会ったあおむし！」と答えることができたので、「どうして分かったの？」と理由を問うと、「だって、『そのあおむしも』ってあるから」と答えることができた。
　その後、自力で他の文も読ませたところ、該当の人物の色で囲むことができた。そのため、本時の終了時点ではBの状況と判断しつつ、今後の活動の様子を継続的に見ていくようにした。

5 教師の省察（振り返り）

　右に示すような支援を行っても、自力で捉えることが難しい児童には、授業外で短めの文を使って、主語を当てる短時間のゲームを継続的に行うようにした。特に、知識・技能の実現状況がCにあると判断せざるを得ない児童については、必要に応じ、児童の負担にならないよう短時間かつ楽しみながら取り組める活動を仕組んでいくことも、大切な支援であると考える。

記録に残す評価の時間 思考・判断・表現の評価②C(1)エ

1 本時の目標

・場面の様子に着目して、登場人物の行動を具体的に想像することができる。

2 中心となる活動

・登場人物同士がどのような動きや口調でやりとりをしているのかを想像して会話文を音読し、理由を交流する。

3 主な評価

　4時間目は第1～3場面（3匹のあおむしたちが「おおげんか」したところまで）について、登場人物同士のやりとりの様子を具体的に想像して音読する活動を行う。登場人物の行動や会話の様子を具体的に想像しているかについて、音読している様子の観察や、理由を交流する活動における発言の内容から評価する。まず、教師の音読の間違いを指摘する活動を行い、「『いいかえしました』とあるが、『いいました』では駄目なのか」など、類語と比較しながら行動を具体的に想像できるようにする。また、「『だぞ』は『だよ』でも意味は変わらないから、『だよ』に変えてもいいのではないか」「『たべないでください』の方が丁寧でよいのではないか」など、会話文の文末表現からも、口調を想像できるようにする。その上で、それぞれの登場人物がどのような口調で言っているのか、声の大小や強弱、高低、声色、表情等を変えながら音読するよう投げかける。このように、資質・能力の育成に向けた全体指導を行った上で、音読の様子を観察し、理由を発言する内容を確認する。発言が苦手な児童には、音読を試している時間にそばに寄り、そのように音読した理由を個別に尋ねることで、実現状況を把握する。

4 児童の姿と教師の評価・手立て

Bの状況の児童の姿
「わたしのはっぱをたべないで」という会話文を読む際、半べそをかいているような表情と声で音読している。

個別に理由を尋ねる　2匹目の会話文のところで明らかに表情を変えて音読している様子が見られた。全体で発言することが苦手な児童であるため、音読を試している最中に、そばに寄り理由を尋ねた。「『ぼくのだぞ』と（1匹目に）強く言われて、びっくりしてちょっと泣いちゃった」との答えが返ってきた。直前にある1匹目の会話文の口調を含めて、行動の様子を具体的に想像していることが確認できたため、Bと判断した。併せて、「前のせりふの言い方まで想像できているんだね」と価値付け、取組を後押しした。

Bの状況の児童の姿
実際の音読には表れていないが、どのように音読してみたのか、そのように音読したのはなぜかについて、叙述に基づいて理由を述べている。

発言の内容から判断する　音読を試している最中の様子からは、どのように想像したのか判断できなかった。しかし、その後の理由を交流する活動において、「『おおげんか』になっちゃう最後のせりふだから、『しるものか』は強く言っていると思います」と発言した。やりとりが展開していく様子を具体的に想像していることが確認できたため、Bと判断した。

5 教師の省察（振り返り）

　入学直後から2か月間の臨時休業を経て、学習を始めた1年生にとって、実践した9月時点で、登場人物の行動の様子をどのように想像したのかについて、他者に分かるように書いて表現することは難しいと考えた。そのため、ノートではなく、音読の観察と、発言内容の確認を評価方法として採用した。表現豊かに音読することが目標ではないため、音読の観察と発言内容の確認の両方が必要であった。本時で見られた姿とのつながりで次時以降の姿を捉え評価したい。

5・6
時間目

記録に残す評価の時間 思考・判断・表現の評価②C⑴エ

1　本評価に係る時間の目標

・場面の様子に着目して、登場人物の行動を具体的に想像することができる。

2　中心となる活動

・それぞれの会話文は、どの登場人物のせりふなのか考えながら音読し、考えがずれたところについて話し合う。

・登場人物同士がどのような動きや口調でやりとりをしているのかを想像して会話文を音読し、理由を交流する。

3　主な評価

　5・6時間目は第4場面（「おおきな木」の会話文から最後まで）について、登場人物同士のやりとりの様子を具体的に想像して音読する活動を行う。大まかな活動や評価規準及び評価方法は前時とほぼ同じである。しかし、第4場面は、会話文の前後に「○○がいいました」等の句がないため、それぞれの会話文の主について文末表現等からある程度想像することはできるものの、明確に断定することができない。そこで、5時間目は、3時間目に行った「会話文の主ごとに体の向きを変えながら音読する」活動を行い、考えがずれた理由について話し合う。そして、第1～3場面までの登場人物の会話文と比べたり、場面の描写と重ねたりして、一番しっくりくる会話文の主を探し、なりきって音読するよう投げかける。6時間目は、5時間目に交流し考えたことを踏まえ、自分がぴったりだと考える人物になりきって音読したり、そのように音読した理由を交流したりする活動を行う。記録に残す評価としては、特に6時間目の音読の観察と交流時の発言内容の確認が中心となる。4時間目に見られた姿と重ねながら、登場人物の行動の様子を具体的に想像しているか、どのように想像しているかを捉え、指導に生かすとともに記録に残すようにする。

4　児童の姿と教師の評価・手立て

〈5時間目〉

 前の場面では「いっぴきめは」「にひきめは」とはっきり書いてあったのに、どうしてこの場面では、「さんびきは」「あおむしたちは」ばかりなのでしょうか。誰のせりふかはっきりしないでしょう。

はじめは気持ちがばらばらだったけど、最後はみんな同じ気持ちになっているからだよ。

 そうそう。さいしょは気持ちがばらばらだったから、「いっぴきめは」とか「にひきめは」だったんだけど、さいごはみんな「ひろいなあ」「いきたいなあ」って思ったから「さんびきは」なんだよ。

 同じ気持ちになれたから『やくそく』できたってこと？

わかった！だから、題名が『やくそく』なんだ！

 主語の違いは、気持ちの違いか！先生、思いもしませんでした。すごいなあ。大発見ですね！では、はじめの方は気持ちがばらばらだということが分かるように、うしろのところは気持ちが重なったことが分かるように音読してみましょう。

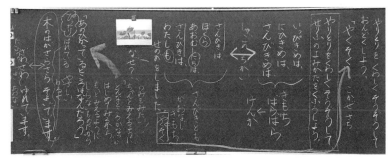

（5時間目の板書）

〈6時間目〉

叙述から想像した内容を語る児童

Bの状況の児童の姿
それぞれの登場人物になりきって会話文を音読し、かつそのように音読した理由を交流する際に、具体的に想像した内容を叙述に基づき述べている。

Bの状況の児童の姿
全体で発言することはなかったが、音読を試している最中に「どう読もうとしているか」尋ねたところ、想像した内容を述べることができた。

Bの状況の児童の姿
音読にはっきりと表れているわけではないが、音読と理由を交流する際に、会話文の文末表現等を根拠に、具体的に想像した内容を述べている。

Aの状況の児童の姿
会話文ごとに視線や声色を変えたり、「あのひかっているところは、なんだろう」の箇所では、背伸びをしながら遠くを見るようにしたりして音読していた。また、理由を交流する際には、「最初は『だぞ』とか『しるものか』とかって強い言い方をしていましたよね。でも、ここは、みんな『だね』とか『みたいな』、『いこう』って優しい言い方になってますよね。だから、『だね』『うんうん、そうだね』っていう感じで音読しました」と前後の場面の文末表現を比べて、想像した内容を叙述に即し、かつ大変具体的に述べていた。

感嘆して価値付ける
音読している様子、また交流時の発言の内容から、登場人物の行動の様子を詳細に想像していることが分かる。複数の場面の叙述を比べ、言葉にこだわって詳しく想像していることを大いに価値付けた。

5　教師の省察（振り返り）

　5時間目に、物語の前後半の違いに目を向けさせたところ、序盤から中盤にかけては「いっぴきめは」「にひきめは」「さんびきめは」「『ぼくは』『わたしは』」となっていたのが、終盤では「さんびきは」「あおむしたちは」「『ぼくらは』」という主語に変わっていることに気が付いた。なぜ主語が変わっているのか問うた際、発言が連鎖し、題名を含めて想像の手掛かりとなる叙述の範囲を広げていったのは想定外であった。なお、6時間目には、「十分に満足できる」状況（A）と判断した児童がいるが、記録に残す評価として確定させたのは単元終了後である。この児童は、5時間目には、主語の違いを「登場人物の気持ち」と結び付けて解釈することで想像を一層具体的にし、6時間目には、会話文の文末表現の違いにも目を向けて、やりとりの様子を子細に考え表現していた。登場人物の気持ちを捉えたり、気持ちの変化について想像したりできるようにするのは、中学年の内容であり、本単元のねらいとするところではない。また、「上の学年の内容に踏み込んでいたからAになる」というわけでもない。あくまで、「行動を具体的に想像する」中で「質的な高まりや深まり」があったと認め得る姿の一つとして捉え判断したものである。次時以降においても、教師の想定を超える児童の姿に出会った際には、素直に驚き、価値を伝え、称賛することで、その成長を後押しするようにしたいという思いを強くした。

記録に残す評価の時間 主体的に学習に取り組む態度の評価

① 本評価に係る時間の目標

・学習課題を意識して、粘り強く取り組む中で、場面の様子や登場人物の行動など、内容の大体を捉えたり、場面の様子に着目して、登場人物の行動を具体的に想像したりしようとしている。

② 中心となる活動

・「次の日、3びきが4ひきめのあおむしに出会ったとしたらどうなるか」について考え、演じたり、理由を交流したりする。

③ 主な評価

　7・8時間目は、もし、「つぎのひ、さんびきが木のはをたべていると、どこからか○○○○とおとがきこえます。なんとじぶんたちとそっくりな…」と書かれていたら、どのようなやりとりが続くかを考え演じる活動を行う。教材文の展開や繰り返しの構造を生かし、4匹目はどのようなオノマトペとともに登場するのか、どのようなやりとりがなされ、結末はどうなるのかを具体的に想像する活動である。ここでは、単元を通して、「学習課題を意識して、粘り強く、内容の大体を捉えたり、登場人物の行動を具体的に想像したりしようとする」態度が育ったかを、行動の観察を中心に把握し、総括して記録に残すようにする。具体的には、ワークシートに記述する様子や演じたり交流したりする様子を観察することで評価する。ただし、記録に残す評価は7・8時間目であるものの、児童の実現状況を捉え、指導に生かす評価としては、単元全体に渡り行っている。したがって、これまでに見られた児童の姿と結び付けて実現状況を捉え、線で見る発想で評価するようにする。

④ 児童の姿と教師の評価・手立て

【他の評価情報も勘案しBと判断した児童のワークシート】

Bの状況の児童の姿

4時間目から想像したことを言葉に表し、音読の仕方を複数試していた。7時間目は、教科書を開いて、「2ひきめと3びきめは違うオノマトペで出てきたから、4ひきめも違う音で出てくるはず」「もうみんなの木だって分かったからけんかはしないと思う」と発言し、続きを考え演じた。8時間目には、他の児童の想像した内容を聞いて、「いいました」を「うれしくなりました」に変えるなど、想像した内容をさらに具体的にしようとする姿が見られた。

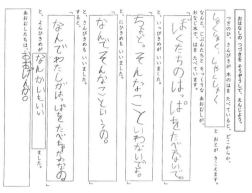

【他の評価情報も勘案しBと判断した児童のワークシート】

Bの状況の児童の姿

3時間目時点では、知識・技能の習得に個別の支援が必要であったが、支援を受けながらも学習課題に沿って粘り強く取り組み続けた。特に、5時間目以降、友達の音読や発言を聞いて、自分に取り入れるなど、次第に登場人物同士のやりとりの様子を具体的に想像しようとする姿が見られるようになった。7時間目には、「出会ってけんかを繰り返していたから、またけんかしちゃうと思う」という友達の発言に触れて、「わたしも」とつぶやき、ワークシートに書いた会話文をさらに具体的な言葉に直していた。

【他の評価情報も勘案しBと判断した児童のワークシート】

Bの状況の児童の姿

4時間目以降、友達の音読や発言を聞いては、「それもいいんだけど、ぼくはちょっと違って…」と、微妙なニュアンスの違いを説明したり、「いや、もしかして…」と自分の考えを見直すつぶやきをしたりする姿が多く見られた。7時間目の最後、友達に「誘ってくれてるのに断るなんて、すごく強そうなあおむしさんだね」と言われたことを受け、「パクパクパクパク」というオノマトペを「バクンバクバクンバク」に変えたり、「いいました」を「どなりました」に変えたりした。想像した内容がより伝わる言葉はないかを探し求めながら活動していた。

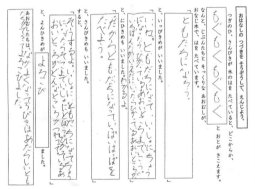

【他の評価情報も勘案しAと判断した児童のワークシート】

Aの状況の児童の姿

6時間目は、音読するたびに「なんか違う気がする」「うーん、じゃあ…」などとつぶやいたり、隣や前後の友達に「今度はどう?」と積極的に音読を聞いてもらったりして、自分が想像した内容を確かめようとする姿が顕著に見られた。音読や理由を交流する際にも、「ここは怒ってると思うんですけど、大きな声なのか、大きくないけど早い声なのかどっちだと思いますか?」と問いかけるなど、自分が迷っていることを伝え、友達の考えを聞いて取り入れようとする様子が見られた。7時間目から8時間目にかけて、ワークシートへの書き込みの量が大きく増えたが、実際に演じる際は、ここからさらに変化させている。単元の序盤より中盤、中盤より終盤と、粘り強く、かつ絶えず工夫しながら学習する姿がより顕著に表れるようになった児童である。

5 教師の省察（振り返り）

　7・8時間目は、前時までに捉え想像したことを生かして、続き話を具体的に想像しようとする児童の姿が見られた。単元の終盤に、「作品の構造、登場人物の言動、出来事を基に続き話を考えて演じる」活動を行うことは、教材文の登場人物の行動を改めて確かめたり、把握した内容に基づいて行動をさらに具体的に想像したりしようとすることを促すという点で、有効であったと感じられた。その際、ポイントとなったのは、ワークシートによって想像する対象を、四匹目の登場の仕方（オノマトペ）と四匹の会話の内容、結末（一文）に焦点化したことである。書く能力を見るためのものではないため、記述の多寡は問わない。あくまで登場人物の行動を具体的に想像しようとする資質・能力を育て、実現状況を把握するためのものである。書くことが苦手な児童は、口頭で表現するだけでもよいと考えていたが、実際には何も書かない児童はおらず、多くは書いていないことも取り入れたり変化させたりしながら演じていた。

　また、単元を通して、「いいなと思った友達の考えはもらってOK」、「友達の考えを聞いて、どうしたいと思った？」といった声かけや、「どうして自分も真似しようと思ったの？」と理由を言語化させる働きかけをしてきたことで、1年生なりに自分の取組を振り返り、次への見通しをもつことができたと考える。さらに、前提として、学習課題を明確に設定することと、課題解決において一人一人が試行錯誤できる余地（方法、場、時間）があることが大切であるという実感も得た。ただし、つぶやきや発言が多く見られる児童、書き込みや記述の量が増えていく児童の学習状況は見取りやすいが、外から見える行動として表れにくい児童もいた。読むことにおいても、一人一人の学習状況を捉え指導に生かすためには、活動に取り組む姿を見て理由を尋ねたり、目標との関わりで価値付けたりするといった対話を通した個への関わりが重要であることを改めて感じた。

　なお、7・8時間目のワークシートには、児童それぞれの言葉で想像した内容が記述されていたため、以降の単元では、ノートに考えを記述させ、内容を確認することで評価する方法も取り入れるようにしたい。

音読の指導と評価 ―何を目指し、どう評価するのか―

　読むことの低学年の事例では、音読を中心となる言語活動に位置付けながら、「構造と内容の把握」、「精査・解釈」の資質・能力を育成する指導と評価の一体化の実際を紹介しました。音読は、低学年期の児童に限らず、文章の内容を理解したり、表現の特徴に気付いたり、叙述に基づいて考えを形成したりする基盤となる言語活動です。では、児童の音読する姿をどのように捉え、指導に生かしていけば、目指す資質・能力の育成につながるのでしょうか。

(1)学習指導要領における音読の位置付け

　まず確かめておくべきは、単元で育成を目指す資質・能力としての音読なのか、他の資質・能力を育成する手段としての音読なのかという点です。

　平成29年告示の学習指導要領では、音読は「知識及び技能」の(1)「言葉の特徴や使い方に関する事項」に位置付けられました（平成20年告示の学習指導要領では、「読むこと」の指導事項の一つでした）。その趣旨について、『小学校学習指導要領（平成29年告示）解説　国語編』（以下、「解説」）では次のように説明しています。

> 　指導に当たっては、〔思考力、判断力、表現力等〕の「C読むこと」だけでなく、〔知識及び技能〕の他の指導事項や〔思考力、判断力、表現力等〕の「A話すこと・聞くこと」、「B書くこと」の指導事項とも適切に関連付けて指導することが重要であるため、今回の改訂では、「知識及び技能」として整理し、ここに示している。（「解説」p.20）

　つまり、音読は、読むことに限らず、言葉で理解したり表現したりする様々な場面で必要となる知識及び技能と定められたわけです。それも、「個別の事実的な知識や一定の手順」としてではなく、実生活で「生きて働く知識及び技能」として身に付けることが求められます。

　その一方で、音読は、先の引用部にもあるように、他の「知識及び技能」や「思考力、判断力、表現力等」の育成に寄与する言語活動としても重要な役割を果たします。そこで、以下、低学年を例に、「育成を目指す資質・能力としての音読の指導と評価」、「他の資質・能力を育成する手段としての音読の指導と評価」に分けて、留意しておきたいことを述べてみます。

(2)育成を目指す資質・能力としての音読の指導と評価

　学習指導要領では、以下の内容が示されています。

> 〔知識及び技能〕(1)言葉の特徴や使い方に関する事項
> 【低学年】語のまとまりや言葉の響きなどに気を付けて音読すること。
> 【中学年】文章全体の構成や内容の大体を意識しながら音読すること。
> 【高学年】文章を音読したり朗読したりすること。

　低学年では、「語のまとまりや言葉の響きなどに気を付けて音読すること」が身に付けさせたい知識及び技能となります。特に「語のまとまり」に気を付けて音読できることは、文章を

読んで内容を理解するためには不可欠な技能です。試みに、低学年の指導事項の一文を、語の
まとまりではなく、一文字ずつ間をあけて読んでみてください。「ご」「の」「ま」「と」……と
声に出していくわけですが、これではどれだけ読んでも意味を理解することができません。
「ご」で一つの意味を成すのか、「ごのま」という単語があって、「"ごのま"と"まり"」という
ことを言いたいのか、まったく判別できないからです。「文章」は、「語のまとまり」が連なっ
てできた「文」を、さらに束ねて構成されたものですから、このような読み方をしている限り、
文章の内容を理解することはできません。低学年の段階で、一人一人の児童が身に付けること
ができるよう、年間を通して指導と評価を重ねていくことが大切です。

　具体的な指導としては、「語のまとまりに気を付けて音読する」とはどのようなものか、モ
デルとなる姿を共有すること、そして、楽しみながら繰り返し音読できるような場と時間を確
保することが重要です。例えば、次のような指導が考えられるでしょう。

①ある一文を教師が一文字ずつ間をあけて読んで聞かせます。
　（「先生、何を言っているの？」「全然分かりません」といった反応が返ってくるでしょう。）
②「そうか。では、別の方法で読んでみますね」などと言いながら、次に語のまとまりごとに大きく間をあけて読ん
　で聞かせます。
　（「なんだ、それを言いたかったんだね」という児童もいれば、「それでもなんか変だよ」と違和感をつぶやく児童も
　いるでしょう。）
③「『分かったよ』と言った人もいたんだけど、さっきの読み方と何が違ったのでしょうか」と問うなどして、「語の
　まとまり」で読んでいることを児童の言葉で引き出します。この「まとまりで読む」ことが大事であることをまず
　は押さえます。
④違和感を表明した児童にその理由を尋ねます。（おそらく「大げさにすぎる」「間があきすぎて分かりにくい」など
　が出てくるでしょう。）
⑤「そこまで言うなら、先生が読んだ一文をみんなにも見せるから、実際に読んで先生に教えてよ」などと言って、
　実際に音読するよう促します。
⑥「語のまとまりに気を付け」て音読する姿を捉えて、こつを言語化させます。児童の姿から「語のまとまりに気を
　付けて音読する」ことの具体を共有することができます。
⑥「別の文でもできるかな。やっぱり難しいかな」とやる気を引き出すように、様々な一文や物語や説明文の一節を
　提示します。

　これは指導の一例ですが、「語のまとまり」に気を付けて音読することをめあてに、楽しみ
ながら繰り返し音読する場を設定したいものです。

　しかし、資質・能力がどの児童にも「おおむね満足できる」状況（B）として育成されるよ
うにするために最も重要なことは、なんと言っても一人一人の音読をよく聞くことです。様々
な要因から、語として認識することが難しい児童もいます。「努力を要する」と判断せざるを
得ない状況にある児童には、語を鉛筆で囲ったり、文字数を少なめにした文に差し替えたりす
るといった手立てが必要になるでしょう。実態に合わせた手立てを講じてもなお「努力を要す
る」状況（C）なのか、それとも、「おおむね満足できる」状況（B）と判断できるまでになっ
たのかを記録に残すようにします（単元における「指導と評価の一体化」）。そして、「語のま
とまりや言葉の響きに気を付けて音読する」知識及び技能を育成するに当たり、以降の学習指
導をどのように行っていくか長期的な視点で見直していきます。「指導と評価の一体化」は、

単元内でのみ完結するものではありません。学習指導要領に示される資質・能力が児童一人一人に実現されるようにするには、年間を通じて、指導改善を図っていくことが重要です。「語のまとまり」を認識すること自体に課題があると考えられる場合には、語彙を豊かにしていくことや、日常的に読書量を増やしていけるような取組を行うこと、また、家庭と連携し、児童に合った方法で継続して取り組めるようにしていくことも非常に大切です。

(3)他の資質・能力を育成する手段としての音読の指導と評価

　単元における「指導と評価の一体化」の一番の目的は、ねらいとする資質・能力が児童一人一人に育成されるようにすることです。そのための手段として音読を位置付ける場合、音読そのものは「観点別学習状況の評価」の対象とはなりません。

　本書低学年の読むことの事例では、評価方法として「音読の観察」が入っていますが、これも、「場面の様子に着目して、登場人物の行動を具体的に想像する」という資質・能力の実現状況を把握するためのものです。一般的に、児童一人一人の「思考力、判断力、表現力等」の実現状況を捉えるに当たって、ノートやワークシートの記述を確認することは有効な方法です。しかし、文字を習得して間もない1年生の場合は、考えた内容を書いて表現することが難しいと考えられることもあります。そのような場合、既習の内容や時期にもよりますが、音読は資質・能力を育成する手立てとして、また実現状況を把握し指導に生かす方法として有力な選択肢の一つになります。もちろん、想像した内容を音読に載せて表現できる児童ばかりではないため、どのように音読したいと考えたのか、それはなぜかを発言内容から確認したり、個別に尋ねたりすることも必要になります。要は多様な評価方法の一つとして音読が位置付けられることもあるということです。大切なことは、それはあくまで単元で育成を目指す資質・能力の実現状況を把握し指導に生かすためであるという認識を忘れないことです。

　一方で、読むことの学習では、あくまで「叙述に基づいて」内容を把握したり、解釈を深めたりすることを目指すわけですから、「叙述に基づく」学習となるよう、単元の前半のうちに、すらすら音読できるようになることを課題として課す場合もあるでしょう。この場合、観点別学習状況の評価の対象にならないことは先に述べた通りです。しかし、もしここに、「語のまとまり」で読めず、一文字ずつ間をあけて読んでいる児童がいたらどうするでしょうか。「今回の単元で育成する資質・能力ではないから、そのままにしておく」ということはないはずです。なぜなら、「語のまとまり」を捉えて読めなければ、叙述に基づいて内容を理解したり、解釈したりすることが相当難しくなるからです。そこで、個別に支援していくことになります。支援の仕方は、それぞれの児童の実態によって異なると思いますが、これもまた、単元でねらいとする資質・能力の育成に必要な手立てであるという点で、「指導と評価の一体化」ということができるでしょう。

わたしの興味を中心に紹介しよう
教材名 ウナギのなぞを追って

光村図書４年下

❶ 単元の目標

　興味をもったことを中心に紹介するという目的を意識して、中心となる語や文を見つけて要約するとともに、文章を読んで感じたことや考えたことを共有し、一人一人の感じ方などに違いがあることに気付くことができる。

❷ 単元で取り上げる言語活動

科学読み物を読み、紹介する文章を書く。…C(2)ア

❸ 単元の評価規準

知識・技能	思考・判断・表現	主体的に学習に取り組む態度
①様子や行動を表す語句の量を増し、話や文章の中で使うとともに、言葉には性質や役割による語句のまとまりがあることを理解し、語彙を豊かにしている。((1)オ)	①興味をもったことを中心に紹介するという目的を意識して、中心となる語や文を見つけて要約している。(C(1)ウ) ②文章を読んで感じたことや考えたことを共有し、一人一人の感じ方などに違いがあることに気付いている。(C(1)カ)	①目的を意識して、粘り強く中心となる語や文を見つけて要約しようとしている。

❹ 「指導と評価の一体化」の視点からのポイント

（１）単元観

　児童はこれまでに①『思いやりのデザイン』、②『アップとルーズで伝える』、③『世界にほこる和紙』を読んできた。①②では、考えを述べる段落と事例を挙げて具体的に説明する段落を捉えた後、事例が挙げられている中の段落に着目し、説明の仕方の工夫について考えた。特に文の初めや終わりにある言葉に着目することで、説明の順序や各段落の役割を捉えられた。③で児童は「筆者の考えを捉える」という目的を意識して、中心となる語や文を見つけて文章を要約したあと、互いの要約文を読み合った。読み合うことを通して、中心となる語や文の選び方やまとめ方について改めて考え、より目的を意識して要約することができるようになった児童もいたが、全員ではない。

　そこで、本単元で扱う『ウナギのなぞを追って』においては、目的を意識して、どのように中心となる語や文を見つけたり、短くまとめたりすればよいかを児童が具体的に捉え、要約することができるようにしたい。本単元において児童が意識する目的は、「自分が興味をもったことを中心に紹介する」という目的である。本教材は、児童によって興味をもつところが分かれることが予想される教材である。興味をもつところが分かれるからこそ、「どのようなところに興味をもったのかを紹介し合いたい」という言語活動に向かう目的意識が生まれやすくなる教材であると考え、本単元を設定した。

（２）指導と評価の一体化

　目的を意識して要約する力を養うために、完成した要約文のみを評価するのではなく、一人一人

単元の流れ（全8時間）

時	学 習 活 動	指導上の留意点	評価規準・評価方法等
1・2	○これまでの説明的文章の学習を振り返り、説明的文章の読み方や楽しみ方を確かめる。 ○自分が興味をもったことと、その理由について話し合う。 ○本単元の学習のめあてをもち、学習計画を立てる。	・これまでの説明的文章の学習を振り返り、説明的文章を読むときに注目したポイントや、読み方、楽しみ方を確かめることで、本単元の学習にも生かせるようにする。 ・興味をもったことを共有することを通して、自分が興味をもったことをより具体的に捉えられるようにする。 ・学習のゴールに向かって必要だと思う学習活動を児童に問い、それらの順序を考えることを通して、児童自身が学習計画を立てられるようにする。	・自分が興味をもったことを中心に要約文を書き、紹介するという学習課題を確かめ、学習の見通しをもっている。
3・4・5・6	○これまでの学習を生かして全文を読み、構造と内容を捉える。 ○目的を意識して要約するために、中心となる語や文に印を付けたり書き抜いたりする。 ○中心となる語や文をつなげたり、短い言葉に直したりして、指定された分量に要約する。 ○要約文を生かして紹介文を書く。	・これまでに読んだ説明的文章の構造を思い出すよう促し、構造を捉えるときの手掛かりとなるようにする。 ・全文掲示の、自分が興味をもったことにかかわる語や文のところにシールを貼ったり、考えたことを書き込んだりし、友達の考えを視覚的に捉え、選び方やまとめ方の参考にしやすくなるようにする。 ・前時の児童の思考を捉え、一部の児童の考えを授業の導入で示すことで、全員の児童が、中心となる語や文の選び方、つなぎ方、まとめ方を具体的に捉えることができるようにする。 ・毎時間の初めに前時の学習の内容や考えたことを児童自身の言葉で振り返ることで、前の時間に学習したことを本時の学習に生かしやすくなるようにする。 ・興味をもったことが同じである、または似ている友達と、児童が必要なタイミングで交流することで、友達の考え方を参考にすることができるようにする。 ・要約の分量を示す。	[知識・技能①] **ワークシート・本文へのサイドライン・発言** ・様子や行動を表す語句、文の主語になる語句、述語になる語句、修飾する語句の要約文における使い方の確認 [思考・判断・表現①] **ワークシート・本文へのサイドライン・発言** ・興味をもったことの確認 ・興味をもったことと、要約文の中心として選択している語や文とのつながりの確認 ・中心となる語や文のつなげ方、まとめ方の確認 [主体的に学習に取り組む態度] **発言・行動・ワークシート・本文へのサイドライン** ・友達との交流を通して中心となる語や文を見直したり、つなげ方やまとめ方をよりよくしようとしたりしている言動の確認
7・8	○紹介文を読み合い、感想を伝え合う。 ○学習を振り返り、新たに身に付けた説明的文章の読み方や楽しみ方を確かめる。	・友達の紹介文をどのようなところに注目して読むか、紹介文を読み合う際の観点を確かめる。 ・本単元の学習で生かしたり、新たに見出したりした説明的文章の読み方や楽しみ方を児童と確かめておくことで、今後の学習や生活に生かしやすくなるようにするとともに、児童の意欲を高める。	[思考・判断・表現②] **コメントカード・発言** ・共有を通して気付いた、自分と友達との（または友達と友達との）感じ方や考え方の違いについての言動の確認

の児童が文章のどのようなところに興味をもっているのか、その興味に基づいて要約するためにどの語や文を選んでいるのか、どのようにまとめているのかを**段階的に評価する**。一人一人の児童の思考の流れを捉えることでつまずきに気付き、**次時の指導に生かす**ことができるようにする。一人一人の児童の思考の流れを捉えるためには、座席表が有効である。座席表にメモをする中で、どの児童の考えを授業に取り上げ指導に生かすかが明確になると考える。

　また感想や考えたことを共有し、感じ方の違いに気付いている姿を評価することで、学習したことの意義や価値を児童が実感し、今後の学習において考えをもったり、共有したりすることに向かう意欲となるようにする。

1 第1・2時の目標

・自分が興味をもったことを中心に要約文を書き、紹介するという学習課題を確かめ、学習の見通しをもつことができる。

2 中心となる活動

①これまでの説明的文章の学習を振り返り、説明的文章の読み方や楽しみ方（どのようなところに注目して読んだか、どのような学習活動をしたか等）を確かめる。

②本文を読んだ感想を書き、伝え合う。（さらに知りたいと思ったこと、すごいと思ったこと、驚いたこと等）

③本単元の学習のめあてをもち、学習計画を立てる。

3 見取りの視点

①これまでの学習で身に付けた説明的文章の読み方を児童自身がどの程度意識することができているかを確かめる。

②初めて本文を読んだ感想を書いて伝え合う時間においては一人一人がどのようなところに興味をもっているのかを捉える。

③学習のゴールに向かって何をどのように進めていくとよいか進んで考えようとしている児童の姿を捉え認めることで、自分自身で学習を創っていこうとする意欲を全員がもてるようにする。

4 児童の姿と教師の評価・手立て

①

「アップとルーズで伝える」では、それぞれの段落が、どんな役割をもっているのか考えた。

例えばどんな役割があった？

「世界にほこる和紙」では、題名に注目して、疑問をもったり予想したりしてから読むと読みやすいことが分かった。

説明文の題名には筆者の伝えたいことがぎゅっとまとまっているんだったね。

筆者の考えを分かりやすく説明するために要約した。

目的をもって、要約したんだったね。

　児童に問い返したり価値付けたりしながら具体的に思い出せるようにし、本単元の学習にもこれらの読み方やポイントを生かしやすくなるようにする。

②

AさんとBさんは、塚本さんの調査の仕方に興味をもったんだね。

Cさんはレプトセファルスが泳いできた距離に注目したんだね。

レプトセファルスに対する興味

レプトセファルスがこんなに長いきょりを泳いでくるなんておどろいた。

ぼくはとうめいで、すごく小さいレプトセファルスを見つけたところに感動した。一・六ミリメートルなんて、どうやって見つけたんだろう。

筆者の調査に対する興味

私はウナギの一生を研究するのがこんなに大変だとは思いませんでした。塚本さんはあきらめないで色んな方法で調査していてすごいと思いました。

　児童が自らの感想や考えを自覚することができるように価値付ける。また一人一人の感想の違いが浮き彫りになるよう分類して板書し、児童が視覚的にも「同じ文章を読んでいても感じることや考えることが違う。読むときの視点はたくさんある」ということに気付くことができるようにする。そのうえで、「自分が興味をもったことを中心に紹介する」という学習の目的をつかむことができるようにする。尚、授業後に一人一人の考えを座席表に簡単に記録しておくと、今後の学習に生かしやすくなる。

③

まず興味をもったところに関係してる文はどこか探したい。

「世界にほこる和紙」のときみたいに、拡大した文にシールを貼ると友達の考えも参考にしやすくなると思う。

同じところに興味をもっていた友達と話し合って確かめたい。

これまでの有効だった学習活動を本単元でも生かそうとしている姿や、学習活動の順序を考えようとしている姿を価値付ける。

5　教師の省察（振り返り）

・現段階で児童は、主に「筆者の調査に向かう姿勢について」、「筆者の調査の方法について」、「レプトセファルスについて」に興味をもっていることが分かった。初読の段階であるため、児童の感想も「〜がすごいと思った。」「〜に驚いた。」等、抽象的である。次時に構造と内容を捉えたうえで、改めて考えたことや思ったことを、本時の感想に付けたしたり修正したりするよう促し、もう少し具体的な感想をもてるようにしたい。

1 本評価に係る時間の目標

・様子や行動を表す語句の量を増し、話や文章の中で使うとともに、言葉には性質や役割による語句のまとまりがあることを理解し、語彙を豊かにすることができる。

2 中心となる活動

・目的を意識して要約するために、中心となる語や文に印を付けたり書き抜いたりする。
・中心となる語や文をつなげたり、短い言葉に直したりして、指定された分量に要約する。

3 主な評価

　自分が興味をもったことに基づいて要約するために、主語や述語、行動や様子を表す語句に注目することができているかを見取る。具体的には、

・ワークシートに注目するとよい語句はどのような語句か、自分の興味と結び付けて書くことができているか
・本文のどの語や文にサイドラインを引いているか
・最終的にどの語や文を基に要約しているか

　これらを見取ることで、文には主語になる語句、述語になる語句、人物の行動を表す語句、様子を表す語句などのまとまりがあることを理解することができたかどうかを評価する。

4 児童の姿と教師の評価・手立て

　まずは一つの例を基に、全員に考えさせることで、要約するためには主語や述語になる語句、行動や様子を表す語句に注目するとよいことを児童がつかむことができるようにする。そのうえで、自分の興味をもったことを中心に要約するために、中心となる語句にサイドラインを引いたり書き抜いたりするよう指導する。

＜中心となる語や文を書き抜く際に使用するワークシート＞

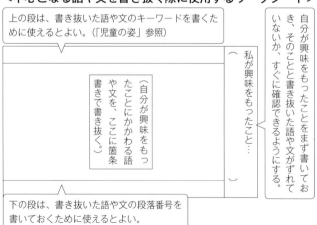

上の段は、書き抜いた語や文のキーワードを書くために使えるとよい。（「児童の姿」参照）

（自分が興味をもったことにかかわる語や文を、ここに箇条書きで書き抜く。）

私が興味をもったこと…

自分が興味をもったことをまず書いておき、そのことと書き抜いた語や文がずれていないか、すぐに確認できるようにする。

下の段は、書き抜いた語や文の段落番号を書いておくために使えるとよい。

＜座席表型の書き方、生かし方＞

一人一人の児童の欄に、次のようなことをメモしておくと、その後の学習に生かすことができます。
・どこまで進んでいるか
・何に興味をもっているのか
・よい気付きや考え

全員に考えさせる例

A子さんは、「塚本さんたちが**長い時間をかけて**調査し続けていること」がすごいことだな、と思ったので、そのことを中心に要約したいんだけど、どのような言葉に注目したらいいと思いますか？

時間だけ抜き出してもだめだから、「**塚本さんが～**」とか「**調査グループが～**」って書かれているところに注目するといいと思います。

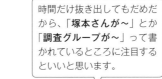

「**長い時間をかけて**」ってことなら、時間が分かる言葉に注目するといいんじゃないかな？

なるほど、「長い時間をかけて」ってところに注目するなら、**時間を表す言葉**や、**主語に気を付けて**読むと要約に必要な文が見つけやすくなるんだね。

→児童の言葉を価値づけながら、自分の興味に応じて、どのような語句に注目するとよさそうか、が決まることをおさえる。

Bの状況の児童

ぼくは塚本さんたちが予想して調査して、また予想して…と繰り返して調査をしていることが特にすごいと思った。だから、塚本さんの行動と予想が分かる言葉や文に注目して読もう。

主語。述語になる語句、行動を表す語句に注目し、筆者の行動や予想したことを書き抜くことができている。

＜ワークシート例＞

行動	予想	行動	予想	予想	行動	かる言葉）たとえば…（～した、～はずです）	どの語句に注目するか（塚本さんの行動と予想が分	私が興味をもったこと…（塚本さんたちが予想と調査をくり返して努力していること）
・親ウナギがたまごを…何かの役に立っているのかもしれない、と考えた。	・たんじょう日を計算し、こよみと照らし合わせた。	・ミリメートル前後のレプトセファルスを、約千びきとることができた。これらは生後二十日ほどのものだと分かった。	・調査グループは、…広げていきました。・分かったことを整理した。	・海流の上流に行くほど、小さいものがいるはずです。	・レプトセファルスが最初にとれた。体長は五十四ミリメートル。・この大きさだと、生まれてからだいぶ時間がたっているため、かなりのきょりを…思われた。			
⑨		⑧	⑦	⑥	⑤			

Cの状況の児童

私はレプトセファルスが成長して大きくなっていく様子に興味をもった。

興味をもったことにかかわる語や文を書き抜くために、主語や述語になる語句、様子を表す語句に注目することができない。

「レプトセファルスが～」「レプトセファルスは～」と書かれているところ（主語）や、大きさが書かれているところ（様子を表す語句）に印をつけてみよう。

一人一人の目的に応じて、どのような語句が主語や様子を表す語句であるのか、例を示す。

5 教師の省察（振り返り）

　知識・技能を評価する場合は、言葉の性質を理解し使う（選んだり、要約文に書いたりする）ことができているかを見取る必要がある。思考力・判断力・表現力の評価と混同しないように意識した。知識・技能の指導事項と本教材の特性とを結び付けたとき、本教材においては主に主語、述語、行動、様子を表す語句に注目させることが可能であると考えた。たくさんある語句の中から、これらの語句に注目して読み、印を付けたり書き抜いたり要約したりする活動の中で、これらの語句の特徴や使い方を類別して捉えることができるようになってきた。

思考力・判断力・表現力の評価①(1)ウ

① 本評価に係る時間の目標

興味をもったことを中心に紹介するという目的を意識して、中心となる語や文を見つけて要約することができる。

② 中心となる活動

・目的を意識して要約するために、中心となる語や文に印を付けたり書き抜いたりする。

・中心となる語や文をつなげたり、短い言葉に直したりして、指定された分量に要約する。

③ 主な評価

一人一人の児童が自身の興味に基づいて関連する文や語句を選び、それらの文や語句を使って要約することができているか、一人一人の児童の興味と選んだ文や語句との関連を評価する。指導と評価の一体化を図るために、完成した要約文のみを評価するのではなく、次のように段階的に評価することを心掛けたい。

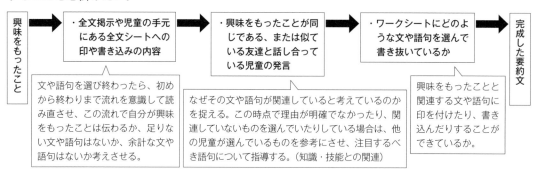

興味をもったこと → ・全文掲示や児童の手元にある全文シートへの印や書き込みの内容 → ・興味をもったことが同じである、または似ている友達と話し合っている児童の発言 → ・ワークシートにどのような文や語句を選んで書き抜いているか → 完成した要約文

文や語句を選び終わったら、初めから終わりまで流れを意識して読み直させ、この流れで自分が興味をもったことは伝わるか、足りない文や語句はないか、余計な文や語句はないか考えさせる。

なぜその文や語句が関連していると考えているのかを捉える。この時点で理由が明確でなかったり、関連していないものを選んでいたりしている場合は、他の児童が選んでいるものを参考にさせ、注目するべき語句について指導する。（知識・技能との関連）

興味をもったことと関連する文や語句に印を付けたり、書き込んだりすることができているか。

④ 児童の姿と教師の評価・手立て

まずはP146の知識・技能の例と同じ一つの例を基に、全員に考えさせることで、興味をもったことを中心に要約するために、どのような語句や文に注目するとよいのかをつかむことができるようにする。そのうえで、自分の興味をもったことを中心に要約するために、中心となる語句にサイドラインを引いたり書き抜いたりするよう指導する。

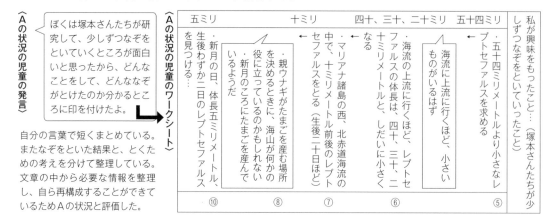

〈Aの状況の児童の発言〉

ぼくは塚本さんたちが研究して、少しずつなぞをといていくところが面白いと思ったから、どんなことをして、どんななぞがとけたのか分かるところに印を付けたよ。

〈Aの状況の児童のワークシート〉

自分の言葉で短くまとめている。またなぞをといた結果と、とくための考えを分けて整理している。文章の中から必要な情報を整理し、自ら再構成することができているためAの状況と評価した。

五ミリ	十ミリ	四十、三十、二十ミリ	五十四ミリ	
⑩	⑧	⑦	⑥	⑤

私が興味をもったこと…（塚本さんたちが少しずつなぞをといていったこと）を見つける…

・新月の日、体長五ミリメートル、生後わずか二日のレプトセファルス

・親ウナギがたまごを産む場所を決めるときに、海山が何かの役に立っているのかもしれない・新月のころにたまごを産んでいるようだ

・マリアナ諸島の西、北赤道海流の中で、十ミリメートル前後のレプトセファルスをとる（生後二十日ほど）
←十ミリメートルと、しだいに小さくなる

・海流の上流に行くほど、レプトセファルスの体長は、四十、三十、二十ミリメートルと、…
海流に上流に行くほど、小さいものがいるはず

←五十四ミリメートルより小さなレプトセファルスを求める
・五十四ミリメートルより小さなレプトセファルスをといていった

〈Bの状況〉

〈Bの状況の児童②の発言〉

私は塚本さんたちがいろんな方法で研究してるんだなぁって驚いたから、研究の方法が分かるところに注目したよ。一つ目は4段落の「目の細かい大きなあみを使って、海の生き物を集める作業をくり返す」てところ、二つ目は…

自分が興味をもった研究の方法に注目して読み直し、中心となる文を書き抜くことができているためBの状況と評価とした。

〈Bの状況の児童②のワークシート〉

私が興味をもったこと…（塚本さんたちがいろんな方法で研究していること）

- ④ あみでとる
  - ・目の細かい大きなあみを使って、海の生き物を集める作業をくり返します。あみの中には、さまざまな…
- ⑦ 輪の部分を数える
  - ・木の年輪ににた、一日に一本ずつふえる輪のできる部分があります。その輪を数えれば、生まれてから何日たっているかを知ることができます。
- ⑧ 地図、地形図で確かめる
  - ・レプトセファルスがとれた場所を地図上に記し（図4）、とれたときの体長と合わせて考えていくと、…
  - ・海底の地形図でたしかめると、
- ⑨ 照らし合わせる
  - ・それから、とれたレプトセファルスのたんじょう日をとれたときの輪の数から計算し、こよみと照らし合わせました。

〈Cの状況〉

〈Cの状況の児童の発言〉

ぼくはレプトセファルスがすごく遠いところから成長しながら日本までくることがすごいと思った。…

興味をもったことは伝えられるものの、どの文や語句が関連しているのかを考え、選ぶことができない。そのため、以下のように指導した。

すごく遠い、ってどこに書いてあるの？まずは場所が分かる文を選んでみるといいね。

〈Cの状況の児童のワークシート〉

私が興味をもったこと…（レプトセファルスがすごく遠いところから成長しながらくること）

- ② ・ウナギは、日本各地の川や池にすんでいます。
- ⑤ ・ウナギのレプトセファルスが最初にとれたのは、一九六七年、場所は、台湾の近くの海でした。体長は五十四ミリメートル。
  - ・調査のはんいを南へ、そして東へと広げていきました。
- ⑥ ・そして、一九九一年には、マリアナ諸島の西、北赤道海流の中で、十ミリメートル前後のレプトセファルスを、約千びきとることができたのです。
- ⑦ ・西向きに流れる北赤道海流をさかのぼって、東へ行くほど、とれるレプトセファルスは小さくなっています。…

5　教師の省察（振り返り）

話合いや、文や語句を選んでいる段階において、自分の興味を紹介するために中心となる語や文を選ぶことができている児童の姿を紹介したり、選ぶことができていない児童に選び方を指導したりすることで、要約文を書くときにはそこまで困っている様子の児童は少なかった。書くことの単元ではないため、中心となる語や文を見付けることができた後は、それらをそのまま生かさせたり、文と文とのつなぎ言葉等を例示し、それらの中から選んで使わせたりするにとどめた。

○つなぎ言葉の例示

「まず」「一つ目は（二つ目は）」「そして」「次に」「そこで」「そのため」「それから」「しかし」「また」主語を付け足す

○主語を付け足す

「塚本さんたちは」「レプトセファルスは」

記録に残す評価の時間 主体的に学習に取り組む態度の評価

1 本時の目標

目的を意識して、粘り強く中心となる語や文を見つけて要約しようとしている。

2 中心となる活動

・目的を意識して要約するために、中心となる語や文に印を付けたり書き抜いたりする。

・中心となる語や文をつなげたり、短い言葉に直したりして、指定された分量に要約する。

3 見取りの視点

友達との交流を通して中心となる語や文を見直したり、つなげ方やまとめ方をよりよくしようとしたりしている様子の観察や、ワークシートや本文への記述をもとに行う。

4 児童の姿と教師の評価・手立て

〈Bの状況の児童の発言例〉　〈Bの状況の児童の行動観察〉

ぼくは塚本さんたちが予想して調査して、また予想して…と繰り返して調査をしていることが特にすごいと思った。だから、塚本さんの行動と予想が分かる文に印をつけたんだけど…

本文

私も調査を繰り返してる塚本さんがすごいと思ったけど、確かにこの文もあった方が塚本さんたちの調査の様子が伝わるね。

友達との交流を通して、自分の興味を伝えるために中心となる文を見直し、サイドラインや印を付ける文を加えたり修正したりしている姿が見られたため、Bの状況と評価とする。

〈Cの児童の発言例〉

私はレプトセファルスがどんな風に成長したかに興味をもったよ。

自分が興味をもったことは友達に伝えられるが、どの文や語句に注目したのかを伝えることができない。見つけようとしていない。

同じところに興味をもっている友達に、どの文に注目したか聞いてみよう。「なるほど、確かにこの文は大切かも」と思ったらそこに印をつけてみよう。

友達の発言を聞いたことを受けて自分の興味を伝えるために大切な文を見直している姿が見られたため、Bの状況と評価とする。

5 教師の省察（振り返り）

・自分が最初に考えていた「中心となる語や文」を見直したり、付け足したりしようとしている姿を見取りやすくなるようにするために、自分で考えた部分は鉛筆で、友達との交流や、教師の声かけによって変わったり付け足されたりした部分は色鉛筆で印を付けたり書き込んだりするよう指導した。そのことによって、多くの児童が交流や教師の声かけによって、見直したりよりよくしようとしたりしていることが分かった。

・一方で、明確な理由を意識していないが何となく付け足しているのではないかと考えられる児童もいたため、観察できていないが変化が見られる児童には、付け足した理由を尋ねたり記述させたりして評価した。「何となく付け足しているのではないか。」と思われる児童も、理由を問うと自分なりの理由を明確に説明できる児童もおり、そのような児童の「主体的に学習に取り組む態度」についてはBの状態と評価した。

記録に残す評価の時間　**思考力・判断力・表現力の評価①C(2)**

1　本評価に係る時間の目標

・文章を読んで感じたことや考えたことを共有し、一人一人の感じ方などに違いがあることに気付くことができる。

2　中心となる活動

・紹介文を読み合い、感想を伝え合う。

3　主な評価

　共有を通して気付いた、自分と友達との（または友達と友達との）感じ方や考えの違いについての発言や、コメントカードの記述を基に評価する。

4　児童の姿と教師の評価・手立て

　この時間の目標は、共有を通して一人一人の感じ方などに違いがあることに気付くことである。そのため、「紹介文を読み合って感想を伝え合おう」という学習活動のめあてのみを提示するのではなく、「違いに注目して感想を伝え合おう」と読み合うときの視点も提示した。さらに、紹介文の中の要約の部分と感想の部分とを照らし合わせて考えながら読み、友達が文章のどこに注目して考えたのか、どのような理由からそのような感想をもったのか、を考えるよう指導した。

○○さんの紹介文に先生はこんなコメントをしたよ。どんなコメントの仕方をしているかな？

指導者のコメントカード

一人の児童の紹介文

「○○さんは、この文からこう考えたんだね。」って、○○さんがどの文に注目したのか確認してる。

注目した文章は同じだけど、感想が違うってことをコメントしてる。

読み方を理解しやすくするため、一人の児童の紹介文を提示し、指導者の感想を伝えた。（話し言葉として伝えるだけでなく、後からも確認できるよう、書いたものも提示した。）

<〈Bの状況の児童①の発言〉

> 私は塚本さんたちがいろんな方法で研究していることに注目して紹介したんだけど、〇〇さんは同じところを紹介していて、でも感想が違ってるんだね。だんだん謎を解いていってる、っていう紹介の仕方が面白いね。

自分と友達が、同じ文に注目しているが、感じ方が違うことに気付いている発言が見られたためBの状況と評価した。

〈Bの状況の児童②のコメントカード〉

> △△さんが、「予想→調査→予想→調査」と紹介していて、塚本さんたちがくり返し調査している様子がよく伝わってきたよ。

友達の感じ方のよさに気付き、コメントを書いていたためBの状況と評価した。

5　教師の省察（振り返り）

　読み合う活動の前に、モデルを提示しどのようなところに注目して読み合うか示したため、互いの考えの違いに注目してコメントし合うことができていた。話し言葉でコメントし合うだけでなく、コメントカードに感想を書いて互いの紹介文に貼って伝えることも行った。自分の紹介文が戻ってきたとき、友達からどのようなコメントがもらえたのか興味深く読み、友達のコメントで嬉しかったところや、違ったところにサイドラインを引く姿も見られ、児童の学習に向かう姿勢に感心した。

単元全体に対する省察

　本単元では自分が興味をもった内容と関連している大事な語や文とはどのような語や文であるのか、児童がつかみやすくなるように、一つの例をもとに全員に考えさせた。「こういう内容に興味があるのだったら、この言葉に注目するといいのではないか。」と具体的に見通しを立ててから一人一人に探させたことで、比較的考えやすくなったのではないかと思われる。それでも要約することに苦労している児童の様子も見られ、要約文を書くためには予想以上に細かいステップが必要であるということが感じられた。一方で、本単元でどのような読み方が身に付いたのか問うと、「自分の興味と結び付くところはどの文か注目して抜き出して、結び付けるといいことが分かった。たとえば『長い間調査していること』だったら、時間について書かれているところに注目する。」など、具体例をもとに身に付いた読み方を捉えられている児童が多く、指導の効果を感じることができた。今後の説明的文章を読む学習においても本単元で身に付けた読み方を想起させ、活用させていくことが大切であると考える。

「読むこと」の話合い

　「読むこと」の学習において、話合いは何のためにするのでしょうか？その目的は主に二つあります。一つは文章を読んで感じたことや分かったことを「共有」するために話合いです。もう一つは、文章の「構造と内容の把握」、「精査・解釈」、そして「考えの形成」をよりしやすくするための話合いです。整理すると、話し合って考えを共有すること自体が目的である場合と、話し合うことが手段である場合に分けて捉えることができます。

〈話し合って考えを共有すること自体が目的の場合〉 ・「読むこと」における 　「共有」㈹	〈話し合うことが手段である場合〉 ・「読むこと」において、 　文章の「構造と内容の把握」㈠㈣ 「精査・解釈」㈤㈥ 「考えの形成」㈦をよりしやすくするための話し合い

　〈話し合って考えを共有すること自体が目的の場合〉は、互いの話を自分の考えと比べながら聞き、どこが似ていてどこが違うのかに注目させることが大切です。一方、〈話し合うことが手段である場合〉は、互いの考えの共通点、相違点に気付けばよいのではなく、話し合っている内容（問いや課題）に意識を向けさせることが重要です。子供たちの目的は考えを共有することではなく、そのときに話し合っている問いや課題を追究していくことです。

　〈話し合って考えを共有すること自体が目的の場合〉は、次のように子供たちが話し合う姿が考えられます。

問い：物語の最後、ごんはどんな気持ちだったのだろう？
A：ごんは悲しかったと思う。最後の一文もごんの悲しい気持ちを表していると思って、ただのけむりでは
　　なくて、「青いけむりが」、しかも「細く」出ているところから悲しさが伝わってくる。
B：私も似ていて、ごんはすごく悲しかったと思う。それまで隠れて兵十に食べ物を届けていたけどほんと
　　は気付いてほしくて、やっと気付いてもらったときには撃たれてしまって悲しかったと思う。
C：Bさんと理由は似てるんだけど、気持ちは違うと思った。ごんは兵十にずっと気付いてほしかったから、
　　最後にやっと兵十が「お前だったのか。」と気付いてくれて、うれしい気持ちもあったと思う。
A：なるほど、悲しい気持ちだけではなくてうれしい気持ちもあったかもしれないね。

　「似ていて…」「〜が違っていて」と、互いの考えの共通点、相違点に注目して話し合う姿を目指します。他にも「○○さんに付け足しで…」など、共通点や相違点に気付きやすくなるような話型を提示するとよいでしょう。このような話型を意識して、友達の考えを認めたり、違いに気付いたりしている姿を評価します。友達の考えのよさに気付くことができている児童の姿も評価したい姿です。全員の話し合っている姿を一度に見取ることは難しいでしょう。振り返り等に、共有によってどのようなことに気付いたかを記述するよう促し、記述内容を基に評価することも大切です。

　では、〈話し合うことが手段である場合〉はどうでしょうか。例えば、文学的文章を読む学習において、「構造と内容の把握」をするための話合いでは、どのような展開が考えられるでしょうか？

問い：「なぜ、ごんはいたずらばかりするのだろう？」

A：ぼくは人と仲良くしたかったからだと思います。
B：ぼくは食べ物を手に入れるためにしたんだと思います。
C：私はひとりぼっちで寂しくていたずらをしてたと思います。
D：私は目立ちたかったんだと思います。

　上記の話合いは、問いに対する考えを一人一人が発表するだけになってしまっています。そこで、子供たちにも何のために話し合うのか、話し合いの中でどのような点を意識するとよいのかを伝えます。また、話し合いにおける子供の姿を評価し、目的に向かって話し合うときに意識するべきことを具体的につかめるようにします。

問い：「なぜ、ごんはいたずらばかりするのだろう？」
話し合いの目的：考えを話し合って、ごんの気持ちにせまろう！

A：いたずらすることが目的だったんじゃなくて、ちょっかいを出して仲良くしたかったんだと思う。だって、兵十にいたずらしたときも、取ったうなぎを食べたりしないで置いていってるでしょ？

B：どこ？（叙述を見つける）…確かに。ぼくは食べ物を手に入れるためにしてるって考えてたんだけど、ごんはうなぎを置いていってるから、食べ物のためではなさそうだね。

C：私はひとりぼっちで寂しくていたずらしてたんじゃないかと思う。ここに「ひとりぼっちの小ぎつね」ってあるから…

D：私も同じところから考えたんだけど、寂しかったからいたずらをして、目立ちたかったんだと思う。

A：ぼくは目立ちたかったっていうより、友達がほしかったんだと思った。ごんはずっと人のことを観察して、興味をもってる感じがするでしょ。例えば…

表現の効果を考え、物語の魅力に迫ろう
教材名 **大造じいさんとガン**

光村図書5年

 単元の目標

人物像や物語の全体像を具体的に想像しながら読み、互いの意見を共有する中で自分の考えを広げることができる。

 単元で取り上げる言語活動

大造じいさんと残雪のどちらに魅力を感じるかをまとめ、伝え合う。…C(2)イ

③ 単元の評価規準

技能・知識	思考・判断・表現	主体的に学習に取り組む態度
①比喩や反復などの表現の工夫に気付いている。((1)ク)	①「読むこと」において、人物像や物語などの全体像を具体的に想像したり、表現の効果を考えたりしている。(C(1)エ) ②「読むこと」において、文章を読んでまとめた意見や感想を共有し、自分の考えを広げている。(C(1)カ)	①進んで、人物像や物語の全体像を具体的に想像し、今までの学習を生かして考えたことを文章にまとめようとしている。

 「指導と評価の一体化」の視点からのポイント

本学級では『なまえつけてよ』『カレーライス』の二作品を読んできた。学級が始まったころは、テキストを根拠に考えられず、叙述を結び付けて読むという意識も見られなかった。しかし、『カレーライス』を読むころになると、一つの言葉に立ち止まって考えたり、一人称視点で描かれる特徴を感じとったり、題名が象徴するものについて考えたりすることができた。児童は内容だけではなく、作者の紡ぐ表現にも着目して読もうとする意識が芽生えている。

そこで、本単元では「大造じいさんと残雪のどちらに魅力を感じるかをまとめ、伝え合う」という言語活動を設定し、それぞれの魅力を支える表現の効果に着目できるようにしたいと考えた。情景、色彩、反復、オノマトペ、呼称の変化、複合語……。『大造じいさんとガン』には優れた描写や表現が散りばめられている。それらの表現の効果を人物像と結び付けて考えていくことで、より深く物語の魅力に迫れるだろうと考えている。

「指導と評価の一体化」にあたり、児童のノート分析が重要なポイントとなる。それは、単に児童の考えを眺めるのではない。その考えは話合いでどのような広がりを生み出すのか。前時までのどの友達の発言に触発されて人物像を捉えたのか。授業中にどのタイミングでその考えを生かしていくのか。児童の考えを丁寧に見取り、コメントや声かけを通してフィードバックしていく。そして、児童が全体での発言につなげたり、情景描写などの表現に着目したりしながら、自らの読みを構築できるようにしていきたい。

単元の流れ（全９時間）

時	学 習 活 動	指導上の留意点	評価規準・評価方法等
1・2	○『大造じいさんとガン』を読み、初発の感想を書く。 ○初発の感想を交流し、学習課題をたてる。	・初発の感想を書く視点を明確にし、児童が意図をもって書けるようにする。 ・児童の感想を交流する中で、「大造じいさんと残雪のどちらに魅力を感じるか」という単元を見通す学習課題につなげる。	・行動や会話、様子を表す言葉を基に『大造じいさんとガン』を読んだ感想を書いている。 ・感想を交流する中で学習の見通しをもつ。
3・4・5	○第１場面と第２場面から大造じいさんの残雪への心情の変化を読み取る。 ○第３場面での大造じいさんの残雪への心情の変化を読み取る。 ○大造じいさんが、残雪への見方を変えた理由を読み取る。	・既習の学びを想起させながら、比喩、情景、色彩、オノマトペなどの表現に気付けるようにする。 ・場面ごとのつながりを意識し、今までの読みの流れが分かるよう板書を模造紙に残して教室に掲示する。	[知識・技能①] **ノート** ・表現の工夫に気付いて考えを書けているかどうかの確認
6・7 pick up	○「大造じいさんと残雪のどちらに魅力を感じるか」について、自分の考えをまとめる。 ○「大造じいさんと残雪のどちらに魅力を感じるか」について、全体で話し合う。	・人物の行動や心情だけでなく、表現の効果も考えながら、それぞれの人物像に深く迫れるようにする。 ・話し合いではネームプレートを貼り、自分や友達の立ち位置が視覚的に捉えられるようにする。	[思考・判断・表現①] **発言・ノート** ・人物像を具体的に想像したり、表現の効果を考えたりしているかの確認
8・9	○「大造じいさんは、その後、残雪と戦うのか」について、自分の考えをまとめる。 ○「大造じいさんは、その後、残雪と戦うのか」について、全体で話し合う。 ○話合いを振り返り、自分の考えをノートにまとめる。	・人物像を捉えてきたことを生かし、自分の考えを形成できるようにする。 ・友達の考えを聞いて自分の読みがどうなったかを具体的に記述できるように声をかける。	[主体的に学習に取り組む態度①] **観察・ノート** ・今までの学習を生かしながら、ノートに自分の考えをまとめようとしているかの確認 [思考・判断・表現②] **ノート** ・それぞれの立場の読みを共有し、自分の考えを広げているかの確認

1　第1・2時の目標

『大造じいさんとガン』を読み、初発の感想を書く。それを交流する中で考えの違いがあることに気付き、学習の見通しをもつことができる。

2　中心となる活動

・『大造じいさんとガン』を読んだ感想を書き、初発の感想を交流する。

3　見取りの視点

　まずは、児童がこの物語に対してどのような思いをもったのかを見取りたい。その際に、どの言葉に着目しているのか、今までの読みの視点が生かされているのか、大造じいさんと残雪の人物像や関係性をどのように捉えているかなど、多面的に児童の読みを見取っていく。その際、教師は児童の感想のズレを認識し、単元構想に組み込むこと大切である。また、児童がもつ様々な問いの中で、単元のねらいに迫る学習課題を見いだしたい。

4　児童の姿と教師の評価・手立て

「ただ救わねばならぬ仲間の姿があるだけでした」という残雪の行動が印象に残った。

私は、最後の「いつまでもいつまでも…」が心に残った。大造じいさんがとても魅力的に感じる。

考えのズレ

えっ、でも大造じいさんっておとりのガンを使っているから、ひきょうだと思うけど…。

大造じいさんと残雪では、自分はどちらに魅力を感じるだろう。

感想を書くことができない
叙述を意識することができない

①一番印象に残った場面を尋ね、そこから感想を書けるように促す。
②「どこからそう思ったの？」と根拠を意識して書けるようにする。
③「だから…」「その理由は…」と文がつながるように声をかける。

情景、色彩、反復、オノマトペなど表現に注目している児童を認め、それを広め、自覚的に優れた表現に気付けるようにする。

5　教師の省察（振り返り）

　児童の感想には、最後の「いつまでも、いつまでも見守っていました」の一文から受ける物語全体の印象や情景描写への気付きが多く見られた。感想を書けなかった児童も、上記のようなアドバイスを基に自分の考えを書くことができた。

　児童へのノートには、「他の場面にも情景描写はあるかな？」「大造じいさんのことをどう思う？」など、今後の読みにつながるような視点でコメントを返した。また、「バシッ」というオノマトペや「らんまんと咲いたスモモの花が…」などの情景描写に着目している児童も見られた。今後、それらの読みをどのように単元の中で生かしていくかを考えていく必要がある。

記録に残す評価の時間 知識・技能の評価(1)ク

1 本評価に係る時間の目標

比喩や反復などの表現の工夫に気付くことができる。

2 中心となる活動

大造じいさんの残雪への心情の変化を、大造じいさんの行動や会話、情景描写などから読み取る。

3 主な評価

大造じいさんの残雪への心情の変化を読み取るためには、表現の工夫に着目することが大切である。この評価は3時間を通して行う。そのため、3時間目には表現の工夫に気付けなかった児童も、その時間の話し合いを生かし、次の時間には着目できるようにしていく。比喩や反復のみならず、情景、色彩、オノマトペなどへの気付きも表現の工夫と捉えて評価したい。

4 児童の姿と教師の評価・手立て

Bの状況の児童の姿
表現の工夫に気付き、その叙述にサイドラインを引いている。また、その表現がどうして工夫なのかを明記してノートに自分の考えを書いている。

「今までの板書を見てみよう」「前の場面はこんな情景があったけど、この場面は?」「大造じいさんのどんな気持ちが伝わる?」などと声をかけ、表現の工夫に気付けるようにする。

Cの状況の児童の姿
情景描写などの表現の工夫に気付けず、サイドラインを引くことができない。また、引けたとしても自分の考えを書くことができない。

【実際のノート】
Bの状況①

「秋の日が美しくかがやいていました。」は情景だ。大造じいさんのうまくいきそうな自信にあふれる気持ち、もう成功が見ているという未来を表している表現だと思う。

Bの状況②

「ほおがびりびりするほど」だから、大造じいさんの本気さが伝わってくる。普通はびりびりするような感覚にはならないから、大造じいさんの緊張、興奮、期待する心情が伝わってくる。

Bの状況③

大造じいさんは、残雪をしとめたい思いでいっぱいだ。というのは、「東の空は真っ赤に燃えて」が大造じいさんの気持ちを表している。「真っ赤」だと大造じいさんの気持ちが燃えている。

5 教師の省察（振り返り）

猟銃を握りしめるオノマトペが「ぐっと」から「ぎゅっと」に変化したことに気付けている児童、「東の空が真っ赤に燃えて、朝が来ました」を「真っ赤」を「赤く」と比べて「真っ赤」のイメージを作っている児童、「あの残雪め」の「め」に着目して『ごんぎつね』の「あのごんぎつねめ」の表現を想起している児童をAの状況と評価した。児童は、たった一文字「め」があるのとないのでは、大造じいさんの残雪への心情が違うことを捉えることができた。また、Cの状況の児童も話合いで友達の読みを聞き、第3場面の情景描写（比喩表現）に気付き、そこから大造じいさんの心情を考えることができた。

6 時間目

思考・判断・表現の評価①(1)エ

1 本時の目標

・大造じいさんと残雪の人物像を具体的に想像したり、それらの人物像を表す表現の効果を考えたりしながら、ノートに自分の考えをまとめることができる。

2 中心となる活動

・「大造じいさんと残雪では、自分はどちらに魅力を感じるか」を考えてノートにまとめる。

3 主な評価

　大造じいさんと残雪。それぞれの魅力（人物像）を感じる描写は、会話、行動、様子、情景などたくさんある。それらの描写を「点」で読むのではなく、「線」として結び付けてまとめられるかを見取っていく。また、「どのように描かれているか」という表現にも着目しながら人物の魅力を捉えているかを見取り、評価をしていく。

4 児童の姿と教師の評価・手立て

Bの状況の児童の姿
行動、会話、様子を根拠にして、表現の効果と結び付けながら大造じいさんや残雪の魅力を具体的に想像して書いている。

本時までのノートを一緒に振り返り、一番魅力を感じる叙述を尋ねる。その文をノートに写すように促し、そこからつなげて書けるように声をかける。

Cの状況の児童の姿
人物の魅力を感じる描写を抜き出せない。また、叙述を抜き取るのみで、どうして魅力的と思うのかを書くことができない。

【実際のノート】
Bの状況①

大造じいさんに魅力を感じる。残雪を撃とうとしたけど、撃たなかった。大造じいさんのプライドがかっこいい。残雪に心を打たれたのは優しくて心の広い大造じいさんだからこそ。

Bの状況②

残雪が魅力的だ。ハヤブサと戦って「さっと」のところで迷いがない。それは仲間を助ける優しさ。それに「バシッ」と快い羽音一番、北へ北へ飛び去って行くところも、力強くビシッと決めた感じ。

Bの状況③

残雪は、たった一羽の仲間のためでも命を懸けられるくらい優しくて、強くて、たくましい。堂々と胸を張って死のうと思うところも魅力的だ。残雪は最後まで誇り高くて、頭領としてふさわしい。

Aの状況

「いつまでも、いつまでも…」で大造じいさんは残雪を空にかすれて見えなくなるくらいずーっと見守っている。もし、これが「見ていました」だとぼけっと見ている感じ。大造じいさんが残雪を包み込んでいるみたいだから、大造じいさんにより魅力を感じる。

5 教師の省察（振り返り）

　右の記述の児童は、「見守っていました」を「見ていました」と比べて大造じいさんの魅力をまとめている。また、「包み込んでいるみたい」と、大造じいさんの人物像を「見守る」という複合語から捉えて表現していることからもAの状況と評価した。さらに、「残雪でした」ではなく「残雪です」と文末表現の違いに着目して残雪の人物像を捉えていた児童も見られた。「『残雪です』の方が勢いがある感じで、残雪のリーダーらしさが表れている」と、表現の効果を人物像と結び付けて考えており、Aの状況と評価した。

　続く7時間目も活動を続ける。一連の「記録に残す評価の時間」として継続して見取る。

第7時の指導の工夫と授業の流れ

ここまでの授業を振り返って

　本時では、初発の感想の交流で考えのズレが起こった学習課題について話し合う。大造じいさんと残雪の人物像を具体的に想像するにあたり、あえて「魅力」という言葉を用いた。「魅力」といっても「優しさ」「勇敢さ」「正義感」「かっこよさ」など、児童によって感じ方はたくさんある。だからこそ、児童は物語全体を通して多様な人物像を想像し、話合いを通して自分の読みを広げていけるのではないかと考えた。

　ただし、話合いが拡散して終わることのないよう、表現の効果を考える言葉などが出てきた場合には、そこで立ち止まって考え、焦点を絞って議論ができるようにしていく。

◉ 本時の目標

　大造じいさんと残雪の魅力を語り合う中で、それぞれの人物像を具体的に想像したり、様々な表現が読み手に与える効果を考えたりすることができる。

学習活動	指導上の留意点	評価規準と評価方法
1．本時の学習課題を確認する。		
大造じいさんと残雪では、自分はどちらに魅力を感じるだろう		
2．それぞれの魅力について話し合う。	・それぞれの考えを否定するのではなく、互いの考えに共感し合うような話合いにする。	
3．「見ていました」と「見守っていました」の違いを考え、大造じいさんの魅力を考える。	・児童から問いが出されれば立ち止まって考えていく。その際には、一人で音読して考えを形成する時間、グループで話し合う時間と状況に応じて適時活動を設定し、支援を講じる。	
4．「残雪です」と「残雪でした」の文末の違いを考え、残雪の魅力を考える。		
5．「バシッ」のオノマトペを中心に、残雪の魅力を考える。	・文末、オノマトペ、反復などの表現が出されたときには、問い返したり、考えを膨らませるような言葉を投げ掛けたりしたい。	
6．本時の学習の振り返りをノートに書く。	・振り返りの際には、学習課題について自分の考えはどのようになったか、友達の考えを聞いたことを入れながら書くように声をかける。また、本時の学びから生まれた問いがあれば書き、次時の学習課題とすることもねらう。	[思考・判断・表現①] **発言・ノート** ・人物像を具体的に想像したり、表現の効果を考えたりしているかの確認

言語活動中の指導と評価

―残雪の魅力を中心に話し合う―

T：それでは、学習課題に沿って話し合っていきましょう。

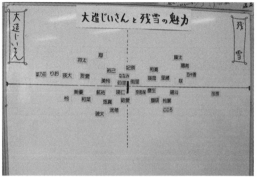

ネームプレートで全体の立ち位置を視覚化

> Aさんは、オノマトペや描写から残雪の魅力を捉えていたのに省略して伝えてしまった。もっと言葉に立ち戻るようにしなければ…。

> よし！ここで全員が残雪の行動描写に着目できるよう、一旦、教科書に戻そう。

↓

T：何ページの何行目？

こう問いかけることで、全員が教科書の叙述を探し、言葉に立ち戻れるようにした。

教科書の言葉に立ち戻り考える姿

C：「あの大きな羽で力いっぱいなぐりつけました」と書いてある。仲間を助けたい思いがあるから残雪が魅力的だ。

C：○○さんにつけたしで、233ページの「いきなり、てきにぶつかっていきました」で、ハヤブサは速いし強いけれど、ガンを守りたい一心でなぐりつけたから、かっこいいと思った。

C：でも、大造じいさんは作戦を練ってガンを捕ろうとしていたけれど、残雪が動けないときに助けた。大造じいさんは優しいから魅力がある。

C：ぼくも大造じいさん。だって「再びじゅうを下ろしてしまいました。」で、残雪を卑怯なやり方でしとめようとしていない。その行動に魅力を感じたな。

A：でも、**ガンを助けたのは残雪の優しさだから、残雪の方が魅力がある。**

C：ハヤブサってすごく強い。残雪は死ぬ覚悟があると思う。それに、「横切りました」って書いてあるでしょ？

C：えーっと、233ページの2行目。「さっと大きなかげが空を横切りました」のところ。私も遊びたいときに道を横切るときがある。残雪も、すごく急いで助けたいという思いが前に出て、ハヤブサに立ち向かったから、仲間思いで頼れると思った。

C：○○さんと一緒で「横切りました」の前に「さっと」ってある。だから、そこで仲間を助けなきゃという気持ち。仲間思いのところが伝わるから、私は残雪が魅力的だと思う。

C：ぼくは、「残雪の目には…」のところで、仲間

162

T：言葉を根拠にしてくれると分かりやすいよね。

を守りたいという思いで踏ん張っている感じがするから、残雪がかっこいい！

教科書に言葉に立ち戻ったことにより、「さっと」に着目した考えにもつながり、残雪の魅力に迫ることができた。

―「見守っていました」の複合語から大造じいさんの魅力を考える―

反復の表現の効果から大造じいさんの魅力に迫ってきた。このあたりで、大造じいさんの描写に立ち止まって議論したいな。

Bさんの問いは、児童に伝わらなかった。おそらく、漠然とした問いだったからであろう。しかし、その後のDさんの「見守っていました」の表現に焦点をあてた問いにつながり、児童の考えたいという思いが感じられた。また、「見守る」という複合語から大造じいさんの魅力に迫れるため、まずはグループでの話合いを設けようと考えた。

↓

T：それでは「見ていました」と「見守っていました」の違いを、グループで話し合ってみよう。

C：大造じいさんは、晴れ晴れとした顔つきで、いつまでもいつまでも残雪を見守っているよね。どちらが魅力的かは迷っているけど、そこから大造じいさんの優しさが伝わるから、今は大造じいさん。

C：つけたしで、「いつまでも、いつまでも」って繰り返されているよね。1回でもずっと見守っている感じがするのに、繰り返されていて、本当にずーっと見守っている。そこに大造じいさんの優しさが表されている。

身振りを交えながら反復表現の効果を発言

B：そこで、私はなぜ大造じいさんはいつまでもいつまでも見守っていたのかなと思った。
（C：「うーん…」という声）

D：そこのところで、「見守っていました」と書いてあって、「見ていました」ではないのはどうしてなの？
（C：「あ〜たしかに！」という声）

グループでの話合い活動

グループの話合いでは、多様な指導が考えられる。やみくも教師が介入しても、児童の思考を途切れさせてしまう。今回は各グループとも問いに沿った議論ができていたため全体を俯瞰することに努めた。しかし、「残雪です」の文末表現に問いをもっていたFさんには、「この話し合いが終わったら、ぜひみんなに伝えよう」と声をかけた。

T：じゃあ、全体で話していきましょう。

Fさんに「この話合いが終わったらみんなに伝えよう」と伝える

C：「見ていました」だと何も考えずに見ている。「見守っていました」は気持ちがこもっている感じがする。

C：「見ていました」は、第三者、知らない人が遠目から見ている。「見守っていました」は、親が成長を見守っているような感じがする。

C：それに、これから行った先も気を付けてねという気持ちが込められている。

C：「見守っていました」は、あたたかさが伝わるよね。

（E：「前やったじゃん」というつぶやき）

C：さっき〇〇さんが言っていたように「守る」がないとぼーっと見ているだけ。「守る」があるといい。

> つぶやいたEさんは、『一つの花』の「見つめる」の表現の考えをノートに書いていた！一呼吸おいて、指名しよう。

> やっぱり、ここにきた！みんなは覚えているか確認しなきゃ。

T：覚えてる？

「一つの花」を想起しながら

E：『一つの花』で、お父さんはゆみ子にコスモスの花をわたしたでしょう？

C：（一斉に）覚えてる！！

E：そこで、一つの花を「見ながら」ではなく「見つめながら」お父さんは戦争に行くよね。ここに、いつまでもゆみ子のことを思っているという気持ちが込められていた。だから、ここも「見守っていました」の方が大造じいさんの気持ちが込められている。

C：つけたしで、「見守っていました」は、大造じいさんのあたたかい目線を感じる。

C：〇〇さんは、「見守っていました」はあたたかいって言っていたよね。反対に、「見ていました」は冷たい感じ。だから、「見守っていました」は、大造じいさんが残雪を守っていて、包み込んでいる感じがする。

C：包み込んでいる！

C：『一つの花』にも、「包まれています」ってあった。

C：コスモスの花で「囲まれている」ではなくて、「包まれています」にお父さんの愛情があった。比べて考えたよね。

C：そこも魅力的！

「包み込む」からも大造じいさんの魅力に迫れるな。

T：今、何て言った？

「包み込む」という言葉は、あたたかさがあり、語彙を豊かにすることからも児童に復唱させた。また、この流れでいけば、『一つの花』の「包む」とも関連付けて想像することを想定して問いかけた。

T：つまり、大造じいさんが包み込んでいる感じがするから…。

―「残雪です」「残雪でした」を比べて考える―

T：では、残雪についても考えていこう。

先ほどグループ活動で声をかけたＦさんが手を挙げたので、即座に指名した。文末表現の効果を考えることは、本時のねらいに迫るための山場にあたると考えた。

T：今、Ｆさんの言ったこと分かる？もう一度言える人いる？
T：今まで通りの書きぶりなら…。
T：じゃあ、つなげて読んでみよう。大きなかげが空を横切りました。
T：大きなかげが空を横切りました。

学習課題をもう一度他の児童に復唱させたり、「残雪でした」と「残雪です」を音読で比較したりした。このように児童との丁寧なやりとりを心掛けることが、考えをもてない児童に対する効果的な手立てになる。

F：233ページの6行目に「残雪です」と書いてある。今まで「でした」と書いてあったでしょ？どうして、ここだけ「残雪です」なのか。何か違いがあるのかなと思った。

C：他のところは「でした」「ました」なのに、「残雪です」と言い切っている。
C：残雪でした。
C：（声をそろえて）残雪です。

C：（声をそろえて）残雪でした。
C：なんか変！
C：「でした」は終わっちゃった感じがする！

Ｔ：「残雪です」の方がいいの？では、ここでグループで相談してみよう。

グループでの話合い活動

「残雪でした」は「なんか変！」と声を出した児童。漠然とした感覚に流されないようにする必要がある。そこで、「ということは〜？」「つまりそれって？」と、考えに深まりが出るように声を掛けた。また、全体での話合いで、どのような順序で指名すればいいかを考えながら話合いを見取った。

Ｔ：みんなで話し合っていきましょう。

この「たとえば」から、さらにつなげていこう。文末表現一つをとっても、緊迫感や臨場感を味わえるようにしたいな。

Ｔ：ということは、この「です」というのも…。

Ｔ：誰に残雪の魅力が伝わるの？

Ｔ：この表現からも残雪の魅力に迫れるね。

児童は、どちらが魅力的か悩んでいる。それは互いの考えを聴き合い、新たな人物像を捉えていることであり、深い学びにつながっているものだと考えられる。

Ｃ：「残雪です」は、残雪の速さや盛り上がりを感じる。「残雪でした」は、なんか来てほしくない感じ。だから「です」の方がいい。
Ｃ：「残雪です」の方が一瞬。早く仲間を助けたい残雪の思いを感じる。
Ｃ：○○さんにつけたしで、残雪は一瞬で来た。その「です」の方が、より仲間を助けたいという気もちが伝わってくる。

Ｇ：たとえば「でした」は、特撮ドラマで表すと「追い詰められてないから別に来なくてもいいよ」みたいな感じ。「残雪です」は、追い詰められて来たから残雪がヒーローみたいに感じる。
Ｃ：ピンチの時にヒーローが来た方が盛り上がる。それが「です」の盛り上がり。
Ｃ：つけたしで、「でした」は残雪が来ておしまい。「残雪です」の方が一途な気持ちが伝わる。
Ｃ：作者の表現の工夫！
Ｃ：読者！
Ｃ：ぼくたち！
Ｃ：そうそう。
（Ｃ：あ〜、どっちが魅力的か難しい…。大造じいさんにも寄っていくし、残雪にも寄っていく…。）

―「バシッ」オノマトペの表現から―

> 最初に省略して伝えたＡさんが、今度はオノマトペや反復の効果を考えながら残雪の魅力を伝えた！

> おっ、Ｈさんが反応している。最後に、ここに焦点をあてたい！

> きた！

Ｔ：Ｈさんは初発の感想から「バシッ」にずっとこだわっていたんだよ。「一直線」「北へ北へ」にも着目していた子もいたよね。その表現とも結び付けながら、みんなで考えていこう。

Ｈさんは初発の感想から「バシッ」という表現に問いをもち、本時の課題に対しても記述していた。そのことを全体に伝えることにより、この問いがクラス全体に深く受け入れられ、我が事の学習課題として共有されると考えた。

> 「残雪の頭の中には、大造じいさんのことはない」と、Ｉさんの中に新たな残雪像が生まれている。これは、他の児童の読みを揺さぶるだろう。

「バシッ」の効果を動作化をして伝える

再び残雪の魅力について挙手するＡさん

Ａ：「バシッ」って空に出て力強い感じがする。北へ北へ飛び去って行くから、北に仲間いると思ったの。くり返しの表現から残雪は迷いがないことが伝わってくる。だから、ぼくは残雪に魅力を感じる。
（Ｈ：そうそう！）

Ｈ：あの、残雪派の人たちに質問なんだけど「バシッ」は「バサッ」でもいいと思うの。でも、どうして「バシッ」って飛び立ったの？

Ｃ：「バサッ」より「バシッ」の方が、力強い感じがする。

Ｃ：それに「バシッ」だと残雪の胸の傷がすっかり治っており、力いっぱい羽ばたいた感じがする。

Ｉ：さらに「一直線」だから、ここから前にビュッと行く感じ。仲間の方へ一直線で、「北へ北へ」と仲間の方へ帰って行く。残雪の頭の中には、大造じいさんのことはないと思う。そこに、残雪の頭領らしい感じがする。（→Ａの状況）
（Ｃ：あ～、なるほど～）

Ｃ：一直線って迷いがなくて、堂々とした頭領らしさを感じるよね。

Ｃ：なんか、他の鳥にはない残雪にしかない力を感じる。

Ｃ：残雪の頭領としてのプライドも感じる。

Ｃ：頭領らしく、頼もしく、仲間のもとへ行くと決めている。

T：今日の読みはどうだった？

C：大造じいさんも、残雪もどっちも違う魅力があったよね。大造じいさんは優しいし、残雪は仲間を助けるからヒーローみたいなかっこよさ。だから、すごく迷っている。

C：仲間を見捨てない残雪、優しい大造じいさん。最初は残雪だったけど、今は大造じいさんと残雪の真ん中を行ったり来たりしていて楽しかった。

T：「いつまでも、いつまでも」というのは？

T：残雪の方に行くと、「残雪でした」ではなくて…。

C：くり返し！

C：残雪です！

C：それに、力強い「バシッ」や「北へ北へ」。

C：それぞれに違う魅力があるよね。

> 本時で話し合ったことについて、板書をもとにやりとりをした。そうすることで、表現の効果を人物像の魅力に結び付けて、振り返りの記述につなげられると考えた。

T：それでは学習の振り返りを書きましょう。

 教師の省察

　本時にいたるまで、一人一人の考えを座席表に記入して読みの変容を追っていたことが指導に生かされたと感じている。児童は、文末表現やオノマトペなどの表現の効果を考えながら、それぞれの人物像に迫っていたと考えられる。一人の児童の問いが、クラス全体の読みの学習課題として共有されたことも大きい。

　また、「残雪です」という文末表現の効果を捉える場面では、Gさんの特撮ドラマのヒーローのたとえが児童の想像をかきたてていた。文末表現の違い一つで緊迫感や臨場感が生まれ、残雪の人物像にも迫ることができる。多くの児童は、そのことをはじめて感じられたと思われる。このように、表現の効果を考えることは、人物像や物語の全体像を具体的に想像することと結び付いていく。それを実感できたことは、児童の今後の読みにも生きていくものだと思われる。

　本時の授業で、Aの状況と評価したのはIさんである。Iさんは「バシッ」「北へ北へ」「一直線に」という言葉を相互に関連付けて「残雪の頭の中には大造じいさんのことはない」という読みを構築した。これは事前に書き込んだIさんのノートには見られなかった考えである。

　その後、「一直線は迷いがなくて堂々とした頭領らしさを感じる」など、Iさんの発言を受けた考えでつながっていった。また、児童の振り返りの記述からも、Iさんの読みが起点となったものを読み取ることができた。

> 　残雪は、春になって一直線に飛んで行った。「一直線」は、自分の歩む道を決めて飛ぶような感じがする。残雪が、仲間を守る道を決めた。だから、一直線に飛んで行ったんだと思う。そこからも、残雪が大造じいさんのことを思っているとは考えられない。　　　　　　（児童の振り返りノートから一部抜粋）

　最後に、本時の評価である「思考・判断・表現①」は、6・7時間のまとまりで行っている。そのため、本時で発言が見られなかった児童も、前時のノートへの書き込みや本時の振り返りを通して総合的に評価することを補足しておく。

本時の板書

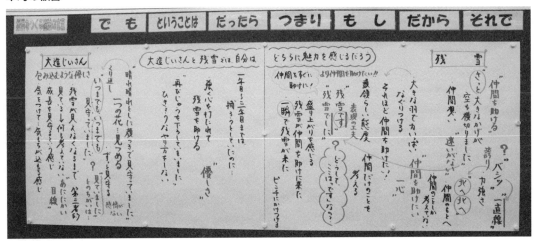

参 観者の視点から

　初発の感想の交流で考えのズレが起こった点を学習課題とすることで、児童が単元内で積み上げてきた学びを総動員し、課題を解決しようとする姿に圧倒されました。本時の主たる評価項目ではありませんが、まさに今までの学びを生かす「主体的に学習に取り組む態度」がはぐくまれていることが確かめられた授業でした。

　本時の評価規準は、「思考・判断・表現」における、「「読むこと」において、人物像や物語などの全体像を具体的に想像したり、表現の効果を考えたりしている。」という項目です。まず、大造じいさんと残雪の人物像を具体的かつ多面的に想像するよう、あえて「魅力」というあいまいさが生まれる言葉を用いたことで、全文から考察を進める児童。物語を「点」ではなく「線」と捉え、物語の全体像を理解していることが伺われました。また、「表現の効果」に着目するよう、「見守る」という複合語や「北へ北へ」「いつまでも、いつまでも」といったくり返し表現、現在形と過去形の印象の違いなどについて児童が発言した際には、その叙述に立ち止まり、個人やグループ、そして全体で思考する時間と場を設けることで、個々人の解釈が深まっていくのが分かりました。

　人物像や全体像、表現の効果に対する見方・考え方をはぐくむため、事前に一人一人の考えを授業者が把握し、個の実態に応じたコメントを伝え、常に一人一人の考えを学級全体に波及させようとする意識を授業者がもっていたからこそ、「努力を要する」状況（C）が改善され、また「十分満足できる」状況（A）の児童が生まれました。授業者の見取りと個への願いが素晴らしかったです。

（茅野政徳）

8 時間目

主体的に学習に取り組む態度の評価

1 本時の目標

進んで、人物像や物語の全体像を具体的に想像し、今までの学習を生かして考えたことを文章にまとめようとしている。

2 中心となる活動

「大造じいさんは、その後、残雪と戦うのか」についての考えをノートにまとめる。

3 主な評価

本時における評価については、教科書、今までの学習のノート、板書を掲示した模造紙などを振り返りながら、自分の考えをどのようにまとめているのか、どの描写を根拠として記述しようとしているのかを観察しながら行う。そこでは、これまでの児童一人一人の読みを把握していることが大切である。だからこそ、児童の考えを多面的に見とることができ、限られた時間で個に応じた適切な手立てを講じることができる。

しかしながら、1時間の授業で児童全員の行動を観察することは現実的でない。授業内での観察と合わせて、授業後には児童のノートを丁寧に見取りながら評価をしていく。

4 児童の姿と教師の評価・手立て

Bの状況の児童の姿
学習したノートや模造紙、教科書を振り返りながら、叙述を関連付けて自分の考えをまとめようとしている。

「戦うと思うのはどこからそう考えるの?」と叙述に戻したり、模造紙を見ながら今までの読みを振り返るように声かけをする。

Cの状況の児童の姿
戦うか戦わないかは決めることができるが、その理由を具体的に記述することができない。

【実際のノートと教師の見とり】
Bの状況

大造じいさんは戦うと思う。「こう大きな声で呼びかけました」と書いてあり、「呼びました」ではなく「呼びかけました」だから戦うイメージがある。残雪には「自分と戦うときまでに死ぬなよ」という思いだ。

前時では「堂々と戦おうじゃないか」の「堂々」が大造じいさんの魅力だと考えていた。そのときの話し合いで複合語を扱ったところ、本時では「呼びかけました」を「呼びました」と比べて大造じいさんの心情を捉えようとしていた。今までの学習を生かして自分の考えを形成している姿と捉えることができる。

Bの状況

大造じいさんは戦わない。「いつまでも、いつまでも…」と繰り返すほど見守っているのだから。それに「バシッ」と力強く飛び去る残雪から、私は大造じいさんと残雪の最後の時を感じる

初読の感想で「大造じいさんの残雪への愛を感じる」と記述していた。それが「戦わない」という本時の考えのもとになり、前時の学びを受けて「いつまでも、いつまでも…」から考えを形成している。また、大造じいさんの描写を書き終えると、「残雪の方からも書ける」と進んで自分の考えをまとめようとする姿が見られた。

Aの状況

大造じいさんは、残雪と戦えないと思う。だって、大造じいさんとちがって、残雪はもう大造じいさんに会いたくないから。「北へ北へ…」というところから、残雪はもう戻ってこない気がする。

教科書やノートを振り返りながら残雪の人物像を想起して、「残雪はもう大造じいさんに会いたくない」という考えに至った。そして、前時の「北へ北へ…」という反復表現を根拠に「残雪はもう戻って来ない。だから、戦えない」と書いていた。選択肢にはない「戦えない」という新たな考えでまとめる姿が見られたことは、今までの学習を十分に生かしていることの表れだと捉え、Aの状況と評価した。

Aの状況

大造じいさんは、残雪と戦わない。第4場面の「らんまんと咲いたスモモの花が…」の情景は、大造じいさんの心情。大造じいさんにスモモの花が散るような優しさや切なさがあるから戦わない。		「第1場面から第3場面までに情景があるのだから、第4場面もあるのでは」と教科書を何度も読み返し、この情景描写に気付いた。しかし、「これは大造じいさんと残雪のどちらの心情を表したものだろう」と悩み続けていた。そして、板書を振り返りながら、今までの情景が大造じいさんの心情を表していることに気付き、粘り強く自分の考えを形成していく姿が見られたためAの状況と評価した。

【教室掲示】

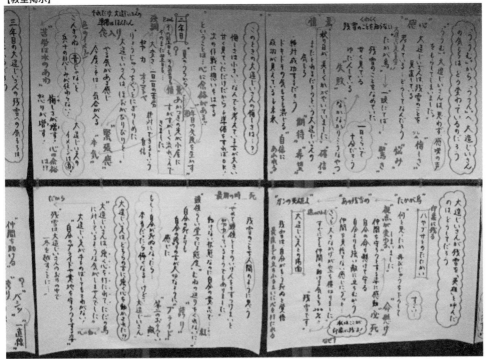

教室には今までの読みの板書（模造紙）を掲示している。それにより、児童は読みのつながりを意識して自分の考えを書いたり、話し合いでは前時の場面を振り返ったりしながら伝えることができる。

このような教室掲示を日常的に行うことが大切だと考えている。日々の授業の中で掲示物を意識する習慣をつけることで、自然と今までの学びを振り返ったり、読みを結び付けたりする児童を育てたい。

5 教師の省察（振り返り）

　第7時の振り返りに、何人かの児童が「この後、大造じいさんと残雪はどうなるんだろう」と綴っていた。本時の最初は、その振り返りの交流を行い、この学習課題に結び付けた。

　これは当初の単元計画にはないものである。しかし、この問いを生かすことで児童の読みにつながりが生まれること、また本単元のねらいにも十分に迫ることができるものであったため、単元計画に修正を施した。

　なお、児童のノートからは次時に見取る予定の「思考力・判断力・表現力」も見取ることができる。学習課題に対して児童一人一人がどのように考えたのかを把握し、次時の話合いの展開を細やかに考えることが大切である。

表現の効果を考え、物語の魅力に迫ろう　教材名 大造じいさんとガン　171

記録に残す評価の時間 　**思考力・判断力・表現力の評価②C(1)カ**

1 本時の目標

「大造じいさんは、その後、残雪と戦うのか」について話し合い、自分の考えを広げることができる。

2 中心となる活動

「大造じいさんは、その後、残雪と戦うのか」について話し合い、学習を振り返る。

3 主な評価

　本時における評価は、振り返りのノート記述をもって行う。話合いでは、読みの違いが明確になるところで議論を焦点化するなど、児童の考えが揺さぶられるように展開していく。そして、どの考えをもって自分の読みが変容したのか、あるいは、自分の考えがさらに確固たるものになったのか。友達の意見もふまえながら、どのように考えを広げているのかを見取り、評価をしていく。

4 児童の姿と教師の評価・手立て

Bの状況の児童の姿
最初の自分の考えと比べたり、友達の意見を入れたりしながら、自分の考えを書いている。

自分の最初のノート記述を振り返り、考えが変わったかどうかを尋ねる。また、板書を見ながら、一番印象に残った発言を聞き、それについて自分の考えを書くように促す。 ←

Cの状況の児童の姿
学習の振り返りを書くことができない。この話合いを通して、自分の考えがどうなったかを書けない。

【実際のノート】
Bの状況①

ぼくは、「戦わない」から「戦えない」になった。それは、〇〇さんの意見で変わり始めた。「飛び去る」「一直線」、一直線に飛び去るというのを聞くと、残雪は大造から離れて行っているようで、もう沼地には戻って来ない。

Bの状況②

〇〇さんの意見に反対で残雪は帰って来ないような鳥ではない。頭領としての誇りやプライドがあるなら、また堂々と戻ってくる。大造じいさんは少し悲しみがあるけど、残雪の姿を見て、また堂々と戦おうと思った。

Bの状況③

戦わないの方にも揺れている。最後の大造じいさんの「また堂々と…」は、自分の悲しさを紛らわせるための空元気みたいな感じがする。「雪のように」「はらはらと」「散りました」と大造じいさんの切なさや悲しさがある。

Aの状況

「雪のように清らかに、はらはらと散りました」で、大造じいさんはもう残雪が戻らないことを分かっていた。そこが大造じいさんの切なさや悲しさ。だから、最後の別れはいつまでもいつまでも見守っていた。大造じいさんが残雪に会うことはない。

5 教師の省察（振り返り）

　「戦う」「戦わない」についての考えを議論する中で、残雪はもう戻って来ないから「戦えない」という意見が出された。新しい視点の考えが出されたことにより、児童は自分の読みと見つめ直し、再び教科書の叙述に立ち戻って考えようとする姿が見られた。また、「らんまんと咲いたスモモの花が…」の情景にも視点があった。右の考えの児童は、その情景描写から「大造じいさんはもう残雪が戻らないことを分かっていた」という新たな読みを導き、自分の考えを広げていることが読み取れたためにAの状況と評価した。

　単元を通して、児童のノートを吟味し、個に応じたフィードバックを心掛けた。本単元で育まれた力が、今後の授業や日常の言語活動へと生かされるよう計測的な指導をしていきたい。

column　気持ちを読むだけの授業にさようなら

物語の授業が「気持ちを考えること」に偏っていませんか

　場面ごとに登場人物の気持ちを読み取るという物語の授業をよく目にします。気持ちを考えることだけが物語の授業ではないにもかかわらず、学年が代わっても同じことが繰り返されていることがあるようです。しかし、それでは「読むこと」の資質・能力をバランスよく身に付けさせることはできません。また、気持ちを考えるときでも、指導事項に照らした適切な指導が行われるべきです。そうでなければ、児童は気持ちを考える際の見方や考え方を働かせることができず、漠然と物語を読むことになってしまいます。

「点」ではなく「線」で結び付けて

　まず、4年生『ごんぎつね』を指導事項の「精査・解釈」をねらいにして、気持ちを考える場合に留意することを考えてみたいと思います。
〇学習課題　「兵十と加助の後をつけていくごんの気持ちを考えよう」

エ　登場人物の気持ちの変化や性格、情景について、場面の移り変わりと結び付けて具体的に想像すること。

　ある児童が「ごんは、どんな話をするのか二人の話を聞きたかった」と書いたとします。これだけでは、単に教科書の叙述を写しただけの考えになってしまいます。「ごんは、自分の名前が出て欲しかったんだと思う」というのも、根拠や理由がありません。ただ気持ちを考えさせるだけでは、「指導と評価の一体化」における適切な評価をすることができないのです。そのためにも、気持ちの変化や性格などが、場面の移り変わりと結び付けて具体的に想像しているかを見とります。つまり、「点」で読むのではなく「線」で結び付けて考えているかどうかがポイントとなってきます。

【児童のノート】	【教師の見とり】
ごんは、今までうなぎのつぐないとして兵十にくりや松たけを持って行った。そして、自分と同じひとりぼっちの兵十なら、自分の行いだと気づいてくれると思った。それに、かげぼうしをふみふみするほど距離が近くなっているから、自分の名前が出てほしいと願っている。「ふみながら」ではなく「ふみふみ」だから、ごんは兵十の近くにいてなんだか楽しそう。	今まで読んできた場面や叙述を結び付けて、つぐないだけではないごんの気持ちの変化を記述している。第5場面になって、ごんと兵十の距離の近さも「かげぼうしをふみふみ」の行動描写から捉えている。全体の場で「ふみふみ」という表現に焦点をあてることで、ごんの気持ちの変化に迫ることができるのではないか。

　上記のように、「気持ちの変化」を「場面の移り変わり」と結び付けて考えているかを中心に児童の考えを見取りました。この視点をもつからこそ、「努力を要する」状況（C）の児童も把握することができ、ねらいに迫るための個に応じた指導ができるのです。また、児童は「ふみふみ」という表現に着目し、ごんの気持ちと関連付けて考えています。このような読み

173

は学級全体へと波及させて、多くの児童が立ち止まって吟味できるように指導したいものです。

「心情を考えること」から「表現の効果を考えること」へ

　では、高学年になると、指導事項の「精査・解釈」はどのようになるのでしょう。

> エ　人物像や物語などの全体像を具体的に想像したり、表現の効果を考えたりすること。

　「物語などの全体像」「表現の効果を考え」とあるように、高学年では内容を理解することを前提として、物語を俯瞰的に読むことも求められています。それは、イ「構造と内容の把握」の「登場人物の相互関係や心情などについて、描写を基に捉えること」を土台にして、「人物像」「物語などの全体像」「表現の効果」へと発展していくものです。そのため、学習課題も「心情を問うこと」から「表現の効果を問うこと」へと転換を図ることができます。

　本実践では、「残雪です」という文末表現に問いをもった児童の発言から、「どうして『残雪でした』ではなく『残雪です』と描かれているのだろう」という学習課題が立ち上がりました。児童は、「です」という現在形を用いることにより作品に臨場感や緊張感が生まれること、また、残雪の頭領としての瞬時の判断を感じるなど、その人物像をも深く捉えていきました。

　表現の効果を考えるためには、児童が表現の工夫に立ち止まることが必要です。そのため、[知識及び技能](1)ク「比喩や反復などの表現の工夫に気付くこと」と関連付け、表現の工夫に気付いた児童がいれば、意識的にその効果を問い掛けていきましょう。

どの資質・能力の育成を目指すのかを明確に

　物語を読んでいくと、児童によって考えにズレが生じることがあります。それは、作者が人物の心情や行動の理由などを意図的に描かなかったところで多く見られます。代表的なものが『ごんぎつね』や『大造じいさんとガン』です。兵十に撃たれたごんの気持ちは直接的に描かれていません。大造じいさんと残雪のその後も、読み手によって考えが異なります。

　だからこそ、児童の考えのズレを生かした学習課題を設定することができるのです。本実践でも「この後、大造じいさんは残雪と戦うのだろうか」という学習課題に対して、「戦う」「戦わない」と考えが二分されました。話合いでは、新たに「戦えない」という読みも生まれ、児童は教科書の叙述に立ち戻り、友達との対話を求めていきました。もちろん、この学習課題に対する明確な解釈が存在するわけではありません。ねらいは、「共有」のC(1)カ「文章を読んでまとめた意見や感想を共有し、自分の考えを広げること」に重点を置いています。このように、「指導と評価の一体化」の観点からも、どの資質・能力の育成を目指すのかを定めて授業を行うことが大切です。意図もなく気持ちを読むだけの授業は、もう終わりにしたいですね。

編著者	執筆者	職名	執筆箇所
	茅野政徳	山梨大学大学院総合研究部教育学域准教授	刊行に寄せて、Q＆A、各領域の扉

執筆者		職名	執筆箇所
低学年　話	大村幸子	東京学芸大学附属小金井小学校教諭 評価規準、評価方法等の工夫改善に関する調査研究協力者	たからものをしょうかいしよう／コラム　スピーチ場面の「指導と評価の一体化」はどうするの？！
中学年　話	青木大和	千葉大学教育学部附属小学校教諭	農家さんの努力をしょうかいしよう―ストップ食品ロス！―／コラム　役割を意識した中学年の話合い学習とは？
高学年　話	海沼秀樹	東京都板橋区立志村第六小学校主幹教諭	話し合って考えを深めよう
低学年　書	石川和彦	山梨大学教育学部附属小学校教諭	おもちゃの作り方をせつめいしよう／コラム　低学年における物語創作の指導と評価について
中学年　書	森壽彦	川崎市立東小倉小学校教諭	考えを相手に伝えるリーフレットにするにはどうすれば良いのだろう？～水の使い方についての考えをリーフレットで伝えよう～／コラム　「書くこと」の創作活動　～物語を書こう～
高学年　書	佐野裕基	横浜国立大学教育学部附属鎌倉小学校教諭	世界に向けて意見文を書こう
低学年　読	伊東有希	川崎市立東小倉小学校教諭 学習指導要領等の改善に係る検討に必要な専門的作業等協力者	やりとりをそうぞうして、おんどくしよう　教材名『やくそく』／コラム　音読の指導と評価　―何を目指し、どう評価するのか―
中学年　読	佐藤綾花	東京都渋谷区立富谷小学校指導教諭	わたしの興味を中心に紹介しよう　教材名『ウナギのなぞを追って』／コラム　「読むこと」における話合い
高学年　読	櫛谷孝徳	相模原市立麻溝小学校教諭	表現の効果を考え、物語の魅力に迫ろう　教材名『大造じいさんとガン』／コラム　気持ちを読むだけの授業にさようなら

指導と評価を一体化する
小学校国語　実践事例集

2021（令和3）年3月10日　初版第1刷発行

編著者　茅野　政徳
発行者　錦織　圭之介
発行所　株式会社東洋館出版社
　　　　〒113-0021　東京都文京区本駒込5丁目16番7号
　　　　営業部　電話 03-3823-9206 ／ FAX 03-3823-9208
　　　　編集部　電話 03-3823-9207 ／ FAX 03-3823-9209
　　　　振　替　00180-7-96823
　　　　ＵＲＬ　http://www.toyokan.co.jp
編集者　杉森　尚貴

カバーデザイン　大河内　真理子
DTP　　株式会社明昌堂

印刷・製本　藤原印刷株式会社

ISBN 978-4-491-04331-9　　　　　　　　　　　　　　Printed in Japan

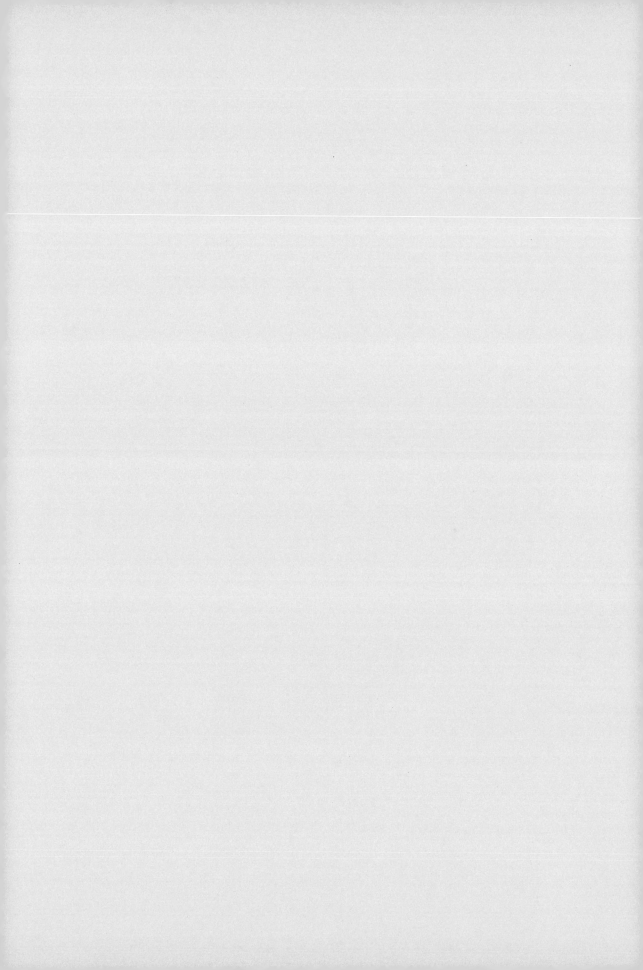